Compact Reiseführer

mit dem »Sofort-Infosystem«

COSTA DEL SOL

VON A–Z

Wolfgang Dombrowski

INHALT

Unser Titelbild zeigt: Turm in Córdoba

Ausgabe 1992/93
Redaktion: Barbara Gabor
Text: Unter Mitarbeit von Karl-Ernst Kelter
Umschlaggestaltung: Inga Koch
Karten: Kartographie Oberländer, München
Kartenbearbeitung: Erich Fock
ISBN 3-8174-4528-8
4445283

Bildnachweis
Titelbild: IFA-Bilderteam, München
Innenbilder:
Petra Kutzendörfer (6, 13, 20, 21, 60, 67, 85, 105, 111, 151)
Harald Klöcker (9, 17, 33, 35, 38, 39, 43, 69, 117, 154)
Reiner Bürkle (24, 63, 108, 109, 120, 139)
Spanisches Fremdenverkehrsamt, München (15, 27, 28, 37, 41, 64, 71, 89, 93, 95, 97, 99, 101, 132, 147, 156)
Ernst Höhne (45, 46, 49, 113, 126, 128)
Walter Höhne (92)
Michael Heinz (51)
Waltrud Heinemann (75)
Werner Grabinger (77)

Auf Reisen mehr erleben mit dem »Sofort-Infosystem«

Compact Reiseführer zeichnen sich durch ihren besonders hohen Gebrauchsnutzen aus. Denn jeder Band ist mit dem praktischen, zeitsparenden »Sofort-Infosystem« ausgestattet. Das garantiert schnelle und umfassende Information, sicher abrufbar nach verschiedenen Kriterien und Interessen, aktuell und zuverlässig vor Ort recherchiert. Damit Sie im Urlaub, auf Geschäfts- und Studienreisen mehr sehen, mehr kennenlernen, mehr entdecken, mehr erleben – in weniger Zeit.

Und so nutzen Sie das »Sofort-Infosystem« am besten:

1. A bis Z-Gliederung: Wenn Sie wissen, wonach Sie suchen, schauen Sie direkt in die alphabetisch geordneten Stichwörter.

2. Farbige Markierungspunkte neben jedem Stichwort: Sie sehen sofort, ob es sich um eine Sehenswürdigkeit (grün), etwas aus dem Bereich von Kunst und Kultur (blau), einen praktischen Tip (rot) oder ein Ausflugsziel (gelb) handelt.

3. Kurzinfos: Neben dem Text finden Sie die Kernaussage zum Stichwort präzise zusammengefaßt.

4. Stadtteil- bzw. Regionenmenüs (S. 157): Zur zeitsparenden Planung von Stadtrundgängen oder Rundfahrten wählen Sie für Ihre persönliche Sightseeing-Tour alles Sehens- und Wissenswerte aus den übersichtlichen Stadtteil- bzw. Regionenmenüs aus.

5. Themenmenüs (S. 158): Wenn Sie sich gezielt nur zu einem bestimmten Thema informieren wollen, haben Sie den Komplettüberblick, was Ihr Reiseführer zu den Interessenbereichen abzubieten hat, mit Seitenangabe.

ADRA

Almería

Die phönizische Gründung Adra war schon zu Zeiten der Römer ein bedeutender Hafen. Davon sind in der heute 20 000 Einwohner zählenden Stadt nur ein kleiner Hafen und zwei mittelalterliche Befestigungstürme geblieben. Der Hafen beherbergt allerdings noch eine Werft und einen Yachtclub. Adra liegt am äußersten westlichen Ende der Provinz Almería, 5 km von deren Hauptstadt und 150 km von Málaga. Einerseits liegt die Stadt am Rande der Costa del Sol, andererseits noch in der stärker landwirtschaftlich genutzten Provinz Almería. So sind die grobkörnigen Strände recht schmal, weil die Felder, auf denen Avocados und Ananas reifen, bis nahe an die Küste reichen. Adra hat nicht allein auf den Tourismus gesetzt. Eine Schattenseite dessen sind die tristen Wohnsiedlungen der Arbeiter aus den nahen Gold- und Bleibergwerken. Daher bleibt es den Ruhe suchenden Individualisten vorbehalten. Besonders die Camper sind hier Dauergäste. Östlich Adras liegen hintereinander an der N 340 mehrere Campingplätze. »Las Gaviotas« ist ganzjährig geöffnet, liegt direkt am Strand und ist mit einem Pool ausgestattet. »La Sirena Loca«, ein benachbarter Platz, ist nur im Sommer offen. Hotels gibt es wenige in Adra. Das »Abdera« befindet sich an der Ctra de Almería 26, das »Delfin« und das »Soleil« an der C/ Natalio Rivas. In dem malerischen Fischerviertel gibt es preiswerte Restaurants. Den engen Bezug zum Meer bezeugt auch das Fest der »Virgen del Mar« Anfang September. Mitte Juni findet ein Jahrmarkt mit Stierkampf und Feuerwerk statt. Für Liebhaber breiter Strände ist Balerma, 11 km östlich von Adra und 3 km von der N 340 entfernt, genau das Richtige. Das Fischerdorf ist bei Spaniern als Ausflugsziel sehr beliebt. Dorthin fahren von Adra auch regelmäßig Busse. Verbindung per Bus gibt es auch nach Castell de Ferro, Almería und Berja. Diese Gemeinde von 11 000 Einwohnern lebt vor allem vom Weinanbau. Der pittoreske Ort liegt

Hafen

Lage

Camping

Unterkunft

Fest

Strand

Bild links: Ein Festtag

Sierra de Gador

nur etwa 20 km von Adra an der C 331, die wiederum östlich von Adra von der N 340 abgeht. Für Ausflüge in die Sierra de Gador benötigt man ein eigenes Fahrzeug. Und der Monte Higuera, mit 2320 m ein imposanter Berg, wird vor allem Wanderer animieren.

AGUADULCE

Almería

Strand

Unterkunft

Der an sich kleine, malerische Ort, 10 km westlich von Almeria, ist in den letzten Jahren stark gewachsen. Er ist der einzige an der Costa de Almería, der sich fast ganz dem Tourismus verschrieben hat. Der teils kiesige, teils dunkelsandige breite Badestrand ist an diesem Teil der Küste eine Rarität zwischen felsigen Uferabschnitten. Palmenhaine sorgen für ein bißchen Schatten in einer von der Sonne verwöhnten Region. Aguadulce verfügt über einen modernen Jachthaften. An Hotelqualitäten ist von einem bis zu vier Sternen alles zu buchen. Das »Playadulce« an der Avda Palmera erfüllt höhere Ansprüche, das Hotel »Juan de Austria« an der Barriada de la Gloria ist billiger. An der Ctra Málaga liegt das Hotel »Satelites Park«. Dort kann derjenige, dem noch nicht heiß genug ist, Tennis spielen, aber auch anschließend im Hotelpool, dem Park oder der Bar für die nötige Abkühlung sorgen.

ALGARROBO

Málaga

Patios und Gärten

Nur knapp 5000 Menschen bewohnen diesen malerischen Flecken, nur etwa drei Kilometer von der Küste entfernt. Östlich von → Torre del Mar führt die MA 137 auf dem Weg zur Sierra de Tejeda durch diesen meist als »typisch andalusisch« bezeichneten Ort. Und in der Tat sieht man selten so viele Patios und Gärten zwischen den strahlend weißen Häusern wie hier. Für seine Gärten ist Algarrobo weithin bekannt. Dabei liegt es nur knapp 30 km von der Provinzhauptstadt Málaga entfernt. Dorthin

gibt es regelmäßige Busverbindungen.
Schmuckstücke des Ortes sind eine *Barockkirche* aus dem 18. Jahrhundert und die Wallfahrtskapelle *San Sebastian.* Die *Ruinen* phönizischer und punischer Siedlungen aus dem 10. Jahrhundert v. Chr. in Morro de Trayamar gelten als die anschaulichsten in Europa.
Zu Algarrobo gehören auch herrliche Strände und die architektonisch verträgliche Ferienanlage »La Mezquitilla« zwischen den Dörfern La Caleta und Lagos. In einem dieser Fischerdörfer sollte man die vielfältigen Fische und Meeresfrüchte genießen.
Im August finden in Algarrobo Volksfeste mit Tanz, Flamenco-Gesang und Feuerwerk statt.
Die Gegend um Algarrobo, bis zur Sierra de Tejeda ist, wenn auch nicht im Hochsommer, bestens zum Wandern geeignet. Hier gibt es noch viele seltene Wild- und Vogelarten.

Bild oben: Eule

Ausgrabungen

Strand

Feste

Seltene Tiere

ALGECIRAS

Cádiz

Zu den Perlen der Sonnenküste gehört Algeciras nicht. Die über 150 000 Einwohner zählende Stadt 120 km südlich von Málaga dient vor allem als Zwischenstation auf dem Weg von oder nach Marokko. Diese Nähe zu Afrika hat

Geschichte

die Geschichte der Stadt entscheidend beeinflußt. Schon die Römer hatten hier eine Siedlung errichtet, doch erst die Mauren bauten Algeciras zu einem bedeutenden Hafen aus. Aus diesem legen heute täglich Fähren zu der nur 25 km entfernten spanischen Enklave → Ceuta ab. Mit schnellen Personenfähren kann auch → Tanger angefahren werden. Obwohl schon lange der Großteil des marokkanischen Haschisch über Málaga nach Spanien gelangt, ist Algeciras noch immer ein wichtiger Umschlagplatz dieser illegalen Ware. Aus Gefälligkeit irgendwelche Pakete über die Grenze zu nehmen verbietet sich von selbst. Die hohe Rate an Eigentumsdelikten in der Stadt geht zum Teil auf das Konto der vielen Junkies und anderer Gestrandeter. An historischer Bausubstanz ist nicht viel geblieben. Die Reste der von Mauren gegründeten Siedlung »Al-Gezira« mit einem Aquädukt findet man im Südwesten der Stadt. Algeciras liegt am gleichnamigen Golf. Vom Hafen aus kann man bei Tag und Nacht nach Gibraltar hinübersehen. Gleich in der ersten Reihe am Hafen liegen auch die besten Hotels. Auch wenn man sich das Hotel »Reina Cristina« am Paseo de la Conferencia nicht leisten kann, sollte man doch einen Spaziergang unter subtropischen Bäumen im herrlichen Park des Hotels unternehmen. Das Hotel »Al-Mar«, gleich zu Beginn der Avda de la Marina, ist da schon preiswerter und hat dennoch den Vorteil einer Garage zu bieten. Die günstigeren Hotels und Pensionen liegen in der zweiten Reihe, an der C/ Santacana. Diese endet auf der Plaza N.S. de la Palma. Dort befinden sich der Markt, einige gute und preiswerte Restaurants und eine Kirche aus dem 18. Jahrhundert. Sehenswerter als die Kirche sind der Brunnen und die Fliesenbänke davor. Die Namensgeberin von Platz und Kirche, *Santa Maria de la Palma,* ist auch Schutzpatronin der Stadt. Das Fest zu ihren Ehren, am 15. August, wird mit Segelwettbewerben gefeiert.

Fähren · *Hotels* · *Markt* · *Platz und Kirche*

Wassersport

Überhaupt kann man in Algeciras alle Wassersportarten ausüben. Dazu eignet sich am besten der Strand von Riconcillo, drei Kilometer von der Stadt entfernt. Am Strand gibt es auch Hotels und einen ganzjährig geöffneten Campingplatz. Verkehrstechnisch ist Algeciras sehr gut an Spanien und Europa angebunden. Und selbst Afrika ist nur eineinhalb Stunden per Schiff entfernt. Wer es nicht gleich so weit mag, kann auch die vor dem Hafen liegende *Isla Verde* besuchen. Selbst im Hafen gibt es einen Bahnhof. Der andere liegt weiter im Norden, an der N 340. Von dort werden Direktverbindungen bis nach Barcelona oder Madrid angeboten. Einer der drei Busbahnhöfe liegt dem Bahnhof direkt gegenüber, die anderen beiden in der Nähe des Hafens. Auch die Touristeninformation finden Sie dem Anleger genau vis-á-vis. Von Algeciras aus kann man mit dem Bus ganz Europa erreichen. Manchem Besucher mag der Abstecher nach Tanger oder Ceuta zu anstrengend sein. Von *Castellar de la Frontera,* 27 km von Algeciras und über die C 3331 zu erreichen, hat man bei klarer Sicht freien Blick auf die afrikanische Küste. Castellar liegt in 257 m Höhe an einem Stausee. Folgt man der C 3331 von Almoraima aus weitere 20 Kilometer, gelangt man zu einem hübschen Städtchen römischen Ursprungs. *Jimena de la Frontera* ist ein sehenswerter Ort mit teilweise erhaltener, historischer Bausubstanz. Auch von der Küstenstraße in Richtung → Tarifa aus hat man die Möglichkeit, einen Blick auf Marokko zu werfen. Ein guter Aussichtspunkt liegt zwölf Kilometer von Algeciras am Puerto de Cabrito.

Strand
Camping
Isla Verde
Verbindungen
Castellar de la Frontera
Stausee
Jimena de la Frontera
Aussicht

ALHAMA DE GRANADA

50 km landeinwärts von Torre del Mar, über die C 335 zu erreichen, liegt in 960 m Höhe das 6000 Einwohner zählende Städtchen Alhama de Granada. Der Ort liegt inmitten eines fruchtbaren, bewaldeten, wild-romantischen Gebirgstal, durch das sich das Flüßchen Alhama schlängelt. Alhama de Granada ist wegen seiner heißen Quellen ein beliebter Kurort. Schon

Granada
Heiße Quellen

Römische Funde

die Römer und die Mauren ließen sich hier vom warmen Quellwasser verwöhnen, wie die Ruinen ihrer Thermen beweisen. Nicht nur das »Bano de la Reina«, auch die alte Brücke ist römischen Ursprungs. Das »Bano Fuerte« haben dagegen im 13. Jahrhundert die Mauren errichtet. Ihre Nachfolger, die »Katholischen Könige«, stifteten die Iglesia Mayor. Viel weiter in

Höhlen

die Vergangenheit wird der Besucher der Höhlen »de la Mujer« und »del Agua« entführt. Sie liegen hoch über dem Ort. Informationen über die westgotische Nekropole und eine römische Siedlung bekommt man im Rathaus. Die Über-

Unterkunft

nachtung im »Balneareo Alhama de Granada« ist nicht ganz billig, aber recht stilvoll. Preiswerter ist die Pension »Bano Nuevo«. Bei der Weiterfahrt nach Loja oder Granada sollte man, besonders als Radfahrer, die C 335 meiden. Sie ist arg mit Schlaglöchern übersät. Alhama de Granada liegt 82 km von Málaga und 53 km von Granada entfernt.

ALMERÍA

»Als Almería schon Almería war, war Granada noch ein Bauernhof.« So heißt es in einem Sprichwort. Doch eine geographisch so exponierte Stadt wie Almería hatte es nicht leicht,

Wechselvolle Geschichte

sein uraltes Erbe durch die Jahrhunderte zu erhalten. In Grabkammern und Gängen unter der Stadt wurden Funde aus neolithischer, phönizischer und römischer Zeit entdeckt. Unter den Mauren war Almería Hauptstadt eines mächtigen Emirats. Nach der Eroberung durch die katholischen Könige Ende des 15. Jahrhunderts erging es Almería wie anderen andalusischen Metropolen. Die Stadt fiel in die Bedeutungs-

Erdbeben

losigkeit. Ein verheerendes Erdbeben im 16. Jahrhundert tat ein Übriges; es vernichtete auch die meisten historischen Gebäude. Dabei hat die Stadt von heute 150 000 Einwohnern durchaus ihren Charme erhalten. 3100 Sonnenstunden im Jahr und nur 10 Regentage weisen Almería als eine Art Oase aus, die von der einzigen Wüste Europas umgeben ist. Daß Wüste jedoch nicht nur ödes Nichts bedeuten muß, bezeugen die unter Plastikplanen verborgenen Plantagen um die Stadt herum, von deren Erträgen Almería heute lebt. In den 60er Jahren gelang es sogar, aus den ödesten Steinwüsten eine Attraktion zu machen. Um Almería herum wurden eine Reihe Django-Western gedreht. Seine Lage am gleichnamigen Golf macht Almería zu einer bedeutenden Hafenstadt, sowohl kommerziell als auch militärisch. Da die Temperaturen schon im sehr angenehmen Frühling im Schnitt bei über 18 Grad liegen, findet das Leben vor allem auf den Straßen und Plätzen statt. Almería teilt sich in eine von breiten Alleen geprägt Neustadt und eine verwinkelte Altstadt. Stadtzentrum ist die *Plaza de Puchena*. Von dort führt der Paseo de Almería zwischen Alt- und Neustadt hindurch zum Hafen. Der breite *Boulevare* ist eine von Straßencafés und Geschäften gesäumte Flanierstraße. An der Plaza Puchena beginnt mit der c/de las Tiendas eine der ältesten Straßenzüge der Altstadt. Der Name beinhaltet, was die Straße bietet: Geschäfte. Und gleich zu Beginn lohnt ein Blick auf die Renaissancefassa-

Plantagen

Temperaturen

Stadtzentrum

Bild unten: Kakteen

Kirchen

de der Kirche *Santiago el Viejo.* Sie stammt aus dem frühen 16. Jahrhundert. Der 55 m hohe Turm ist dagegen romanisch. Gleich um die Ecke, an der Plaza Glorieta, lohnt ein Blick in die *Peterskirche* vor allem wegen der Fresken über dem Altar. Weiterhin parallel zum Paseo de Almería in Richtung Hafen gelangt man, am Hauptpostamt vorbei, zum *Santuario de Santo Domingo* aus dem 17. Jahrhundert. Glanzlichter sind hier ein barocker Altaraufsatz und das Bildnis der Schutzpatronin Almerías, der Virgen Del Mar. Das weist auf die Bedeutung der Seelage Almerías hin.

Fähren

Für den Besucher sind besonders die Fähren nach Melilla von Interesse. In der Saison, also von Mitte Juni bis Mitte September, fahren täglich Schiffe zu der spanischen Enklave auf marokkanischem Boden. Im übrigen Jahr sind es nur drei Schiffe pro Woche. Die Tickets dafür kauft man in Reisebüros oder auch bei Transmediterranea, Parque Nicolas Salmeron 28.

Rathaus und Kathedrale

Auf dem Weg zur Kathedrale passiert man die Plaza de la Constitucion mit dem Rathaus. Die *Catedrale Fortaleza* wurde Anfang des 16. Jahrhunderts begonnen, nachdem die alte Kathedrale bei einem Erdbeben zerstört worden war. Zu maurischer Zeit hatte dort die Hauptmoschee gestanden. Der gotischen Bau ist mit einer Renaissancefassade verblendet. Die Wände der Kathedrale sind von nur wenigen Fenstern durchbrochen, was dem Bau das Aussehen einer Festung verleiht. Damit ist seine zusätzliche Funktion sichtbar, denn er wurde nicht selten zur Fluchtburg der Bevölkerung bei Seeräuberüberfällen. Im Innern sind vor allem das geschnitzte Chorgestühl und der mit einem Tabernakel aus dem 18. Jahrhundert geschmückte Hochaltar sehenswert. 10.00 bis 14.00 und 17.30 bis 18.00 Uhr geöffnet.

Palast und Priesterseminar

Am selben Platz stehen auch der bischhöfliche *Palast* und das *Priesterseminar.* Fast hundert Meter über die Dächer der alten Viertel erhebt sich auf einem Felsrücken der Alcazaba die maurische Festungsanlage. Ob es ihre Lage auf dem Felsen oder ihre gewaltige Größe war, die sie auch sogar das Erdbeben überstehen ließ, ist zweitrangig. Der lauschige Park im Burghof ist den Besuch allein wert. Die 35 000 bebauten Quadratmeter werden täglich von bis zu 10 000 Besuchern bevölkert. Die Festungsanlage ist eine der bedeutendsten in Spanien und in gut restauriertem Zustand. Im August finden dort Konzerte, Theater- und Ballettaufführungen statt. Im Sommer ist die Burg von 10.00 bis 14.00 und 16.00 bis 20.00 Uhr, im Winter von 9.00 bis 13.00 und 15.00 bis 19.00 Uhr geöffnet. Unterhalb der Burg liegt das Viertel La Chanca. Es ist wegen seiner verwinkelten Gassen sehr beliebt bei Besuchern. Allerdings sollte man etwas diskret mit der Kamera umgehen, da sich die Bewohner sonst leicht wie Tiere im Zoo vorkommen.

Festung

Veranstaltungen

Altes Viertel

Beachtung verdient in jedem Fall das *Museo* de Almería mit seinen Funden aus den Höhlen von Ambrosio, Seran und Morcegillos, sowie den Funden aus Los Millares und Terrena Ventura. Das Museum ist Di. bis Sa. 10.00–14.00 und So. 10.00–13.00 Uhr geöffnet.

Museum

In Almería wird es selten richtig kalt. Die Durchschnittstemperaturen liegen selbst im Winter bei fast 13, im Frühling bei 18,5 Grad. Die Som-

Bild unten:
Der Alcazaba

Klima

mer werden sehr heiß. Die Wassertemperatur sinkt auch im Winter kaum unter 16 Grad. Im Sommer werden es dann 24 Grad. Almería liegt sehr verkehrsgünstig. Täglich gibt es Zugverbindungen nach Barcelona, Sevilla, Córdoba, Valencia, Granada und Madrid. Der Bahnhof befindet sich in der Neustadt. Fahrkarten der RENFE erhält man aber auch in deren Büro an der C/Alcalde Munoz. Ganz in der Nähe des Bahnhofs liegt der Busbahnhof an der Plaza de Barcelona. Von dort fahren täglich Busse nach Barcelona, Málaga, Tarragona, Alicante, Valencia, Burcia, Sevilla und Madrid. Unter der Woche verkehren Busse nach Caragena, Guadix und Jaén. Innerhalb der Provinz und an den Küsten wird fast jeder Ort angefahren. Der Flughafen liegt an der Straße nach Nijar. Von dort kann man täglich nach Barcelona oder Melilla fliegen. Das Iberia-Büro befindet sich am Paseo de Almería 32. Unterkunft zu finden, ist in Almería kein Problem. Vom »Gran Hotel Almería« an der Avda Reina Regente 8 angefangen bis zum zentral gelegenen »Hostal Universal« an der Plaza Puchena. Almería ist 209 km von Málaga, 177 km von Granada entfernt.

Verbindungen

Unterkunft

ALMERÍA (PROVINZ)

Kleine Provinz

Mit knapp 8800 qkm und 425 000 Einwohnern ist Almería eine eher kleine Provinz. Die 3100 Sonnenstunden des Jahres sorgen zum einen dafür, daß die Strände der Provinz in der Saison gut besucht sind. Ein Teil der Provinz ist allerdings auch Wüste. Es ist noch die einzige Landwüste in Europa. Die Lufttemperaturen liegen im Frühling bei durchschnittlich 18 Grad, im Sommer bei 25 und im Herbst bei 19 Grad. Das Wasser erreicht im Sommer »Badewannentemperaturen« von 24 Grad, im Winter gehen sie bis auf 16 Grad herunter. So kann man fast das ganze Jahr hindurch die 190 km Strände Almerías zum Baden nutzen.

Wüste

Klima

Almería ist aber vor allem eines der größten Obst- und Gemüseanbaugebiete Europas. We-

gen der enormen Verdunstung sind 10 000 ha mit Plastikplanen bedeckt. Die Wüstenlandschaft um den Ort Tabernas herum ist so skurril, daß sie als Filmkulisse benutzt wurde und wird (→ Filmstadt). Im Westen grenzt Almería an die Provinz Granada. Kurz vor der Provinzgrenze geht die AL 331 von der N 340 ab und führt in Richtung *Berja.* Dabei passiert man den kleinen Ort *Dalias* mit seinen alten Ruinen. Auch Berja bietet noch ein altes Stadtbild. Hinter Berja teilt sich die AL 331. Links geht es in die → Alpujarras, rechts nach *Laujar de Andarax.* Der kleine Ort im gleichnamigen Tal ist noch eine der bewaldeten Regionen. Folgt man der Straße in Richtung *Gador,* verkarstet die Landschaft zusehends. Hinter Gador, einem pittoresken Ort, stößt man auf die N 324, die wiederum in die Provinz Granada führt. Dabei läßt man die Sierra de Filabres links liegen.

Bild oben: Wüste von Tabernas

Berja

Dalias

Laujar de Andarax

Für Freunde der Astronomie ist ein Ausflug zum Observatorium auf dem *Calar Alto* ein Muß. Dazu biegt man zunächst auf die C 3326

Calar Alto

in Richtung Gergal ab, um nach wenigen Kilometern auf die AL 8872 zu stoßen. Diese bringt den Besucher dann direkt zu dem spanisch-deutschen Gemeinschaftsprojekt auf dem 2168 m hohen Calar Alto. Folgt man der N 340 in Richtung auf die Provinz Murcia, kommt man an den Filmkulissen von Tabernas vorbei nach

Sorbas

Sorbas. Der Ort wirkt wie ein weißer Steinhaufen. Spektakulär hängen einige Häuser über dem Abgrund. Spezialität der Gegend sind Töpferarbeiten, die überall zu vernünftigen Preisen angeboten werden. Unweit von Sorbas

Vera

kommt man anschließend nach *Vera,* einem Ort von 6000 Einwohnern. Die alte Stierkampfarena ist gerade renoviert worden und das Hospital de San Augustin wurde 1521 von

Cuevas des Almanzora

Karl V. gestiftet. Hinter Vera ist noch *Cuevas des Almanzora* sehenswert. Es sind vor allem die mittelalterliche Burg und die teilweise noch genutzten Höhlen, die die Besucher anziehen. Hinter Huercal-Overa beginnt die Provinz Murcia. In Huercal beginnt die C 321, die in den nördlichen Zipfel der Provinz Almería und damit nach → Velez Blanco führt.

ALPUJARRAS

Granada

Der Gebirgszug der Alpujarras liegt am südlichen Ende der → Sierra Nevada. Über die N 323 ist es sowohl mit dem 38 Kilomter entfernten → Granada, als auch mit → Motril verbunden.

Lanjarón

Hauptort der Alpujarras ist *Lanjarón,* das in ganz Spanien wegen seines Mineralwassers bekannt ist. Wegen seiner Thermalbäder ist die Stadt als Kurort sehr beliebt. Lanjarón liegt an der C 333, die im weiteren Verlauf nach *Orgiva* führt. In die zerklüfteten Berge der Alpujarras hatten sich dereinst die letzten maurischen Widerständler zurückgezogen. Die Dörfer und die noch intakten arabischen Bewässerungsanlagen erinnern noch heute stark an diese Zeit. Die C 333 bringt den Besucher dann an der Ostgrenze der Provinz Granada, bei La Rabita, an die Küstenstraße N 340. Diese pittoreske

Strecke bietet herrliche Ausblicke über eine von Wein, Wald und Mandelbäumen geprägte Landschaft. Besonders schön ist dieser Ausflug zu Zeiten der Mandelblüte im Januar und Februar. Kommt man von der Küste, sollte man hinter dem malerischen Dorf *Sorvilan* links abbiegen. Die Dörfer *Polopos* und *Rubite* hängen geradezu spektakulär in den wilden Felsformationen. Bei Orgiva beginnt eine Straße, die im Hochsommer bis auf den *Pico Valeta* in der hohen Sierra Nevada führt. Pampaneira, Bubion und Capileira, die Dörfer auf dem Weg in das Hochgebirge, gehören zu den höchstgelegenen Ortschaften Spaniens. Selbst im Sommer ist die Piste über den Prado Llano nicht mit jedem Auto zu schaffen.

Ausflug

Bergdörfer

Bergstraße

ANDALUSIEN

Die zweitgrößte autonome Region Spaniens umfaßt dessen Süden mit den Provinzen Huelva, Cádiz, Granada, Sevilla, Córdoba, Jaén und Málaga. Sechs Millionen Menschen leben noch dort. Das sind 68 Einwohner auf einem Quadratkilometer. In den 60er und 70er Jahren dieses Jahrhunderts hat Andalusien 18 % seiner Bevölkerung durch Auswanderung, meist in den Norden Spaniens, verloren. Natürlich sind die andalusischen Strände Hauptattraktion für die zahlreichen Besucher. Ob an der urbanen Costa del Sol oder der noch fast unentdeckten Costa de la Luz, selbst an der Küste ist noch Platz für Individualisten und Entdecker. Längst gehören auch die geschichtsträchtigen und äußerst lebendigen Metropolen Andalusiens zu den beliebten Reise- oder Ausflugszielen. Sevilla, Granada und Córdoba sind eine Reise an sich wert und die malerischen Bergstraßen führen, an stahlblauen Stauseen und abgelegenen Naturparks vorbei, durch das Land, das in Hinblick auf seinen Anteil an Gebirge in Europa an zweiter Stelle steht.

Provinzen

Küsten

Städte

Viele ungenannte Dörfer sind Kunstwerke in sich. Andalusien ist, so merkwürdig es klingt,

Geschichte

touristisch noch wenig erschlossen. Die Lage Andalusiens am äußersten südlichen Ende Europas hat es sehr früh Kontakt zu anderen Kulturkreisen aufnehmen lassen. Griechische, phönizische und römische Siedlungen verblassen allerdings im Vergleich zum Einfluß der bis zu 700 Jahren dauernden Besetzung Spaniens durch die Mauren. Diese hinterließen nicht nur monumentale Paläste, sondern prägten den Baustil bis in die Gegenwart. Sie entwickelten auch Bewässerungssysteme, die noch heute unübertroffen sind.

Wie ganz Spanien befindet sich derzeit auch Andalusien im Umbruch.

Stärker noch als der traditionell Europa zugewandte Norden muß der Süden Spaniens eine Jahrhunderte alte Isolation überwinden. Während in den Küstenregionen der Tourismus das Landschaftsbild, nicht immer zu dessen Vorteil, verändert hat, leben weite Teile Andalu-

Bild unten: Landschaft mit Olivenbäumen

Bild oben: Typisches »weißes Dorf«

siens noch in einem ganz anderen Jahrzehnt. Dort wird die Anpassung noch länger dauern, als in den großen Städten.

ANGELN

Die langen Küsten Spaniens haben eine große Tradition im Fischfang. Schon von daher wird jeder Angler auf Verständnis stoßen. Es wird in Spanien an fast jeder Mole geangelt. Natürlich braucht man dazu eine Genehmigung. Daher sollte man sich vorher beim Fremdenverkehrsamt um Auskunft bemühen oder vor Ort das Turismo-Büro konsultieren. Von den meisten großen Badeorten werden Angelfahrten angeboten. Aber auch die vielen Stauseen des Landes sind gute Angelreviere.

ANTEQUERA

Málaga

Die 42 000 Einwohner zählende Gemeinde Antequera liegt 45 km von Málaga entfernt. Von dort ist sie über die N 321 zu erreichen. Die Stadt liegt im fruchtbaren Tal des Guadalhorce in 557 m Höhe am Fuß der Sierra de Torcal. Antequera lebt von der Landwirtschaft. Der Ort ist

Maurische Burg

eine römische Gründung. Die Mauren hinterließen eine *Burg,* deren Ruine die Stadt überragt. Ebenfalls auf dem Burgberg sind der kleine »Arco de Santa María«, ein *Tor* aus dem 16. Jahrhundert, und die gleichnamige *Renaissancekirche* einen Besuch wert. Der alte *Ortskern* als Ganzes steht unter Denkmalschutz.

Altstadt

Aus der Barockzeit stammen die Kirchen *Iglesia del Carmen* und die *Iglesia de los Remedios* sowie einige der herrlichen Paläste der Stadt. Im Turm der Kirche *San Sebastian* mischen sich Barock und Mudejarstil zu einer architektonischen Einheit. Das *Stadtzentrum* ist in einem Barockpalast untergebracht und schon von daher ungewöhnlich. Die Exponate umfassen mehrere Jahrtausende lokaler Kunst und Geschichte.

Unterkunft

In so stilechter Umgebung bietet sich zum Übernachten der »Parador Nacional« an der C/ Garcia del Olmo geradezu an. Kleiner und günstiger sind die Hostales »Colon« an der Avda Infante Don Fernando 79, »Madraona«, C/Calzada 31 und »Alameda«, C/Alameda 12, die aber auch zusätzlich noch zentraler gelegen sind.

Weit über die Grenzen Andalusiens hinaus bekannt ist Antequera vor allem wegen einer Reihe berühmter Grabanlagen ganz in der Nähe.

Dolmen

Die *Dolmen* von Menga, Viera und Romeral stammen aus der Bronzezeit. Die Kammern dieser mit gewaltigen Platten gedeckten Hünengräber sind bis zu 27 m lang. Zu erreichen sind die Megalithbauten über die N 342 Richtung → Archidona und → Granada. An der N 334 nach Osuna, 23 km von Antequera entfernt, hat an einem See bei Fuente de Piedra eine der letzten Brutstätten von rosa Flamingos überlebt.

See

Naturschutzgebiet

Ein noch spektakuläreres Naturerlebnis bietet das *Naturschutzgebiet* »El Torcal«, nur 7 km von Antequera. Die Steinformationen des ausgewaschenen Kalksteins erinnern vielfach an skurrile Gebäude. Vor Ort gibt es Informationen über die Wanderwege der Gegend, die auch auf den 1369 m hohen Camorro Alto führen.

Wandern

ARCHIDONA

50 km von Málaga, zwischen → Antequera und → Granada, liegt an der N 342 zwischen beiden Städtchen Archidona. Die Stadt in 700 m Höhe war schon von Phöniziern, Römern und Arabern besiedelt worden. Noch heute lebt in der Gastronomie der 10 000 Seelen zählenden Gemeinde die arabische Küchentradition fort. Aber Archidona ist nicht nur bekannt durch seine feine Küche. Der Ort gilt als kulturhistorisch bedeutend. Die *Plaza Ochavada* wurde im späten 18. Jahrhundert im Mudejar-Stil umbaut. Merkwürdigerweise ist der Platz achteckig angelegt. In der Stadt lohnen außerdem die Kirchen *Santa Ana* und *Las Monjas Minimas* einen Besuch. Die beste Besuchszeit ist die Karwoche mit ihren eindrucksvollen Prozessionen. Die nächtliche Wallfahrt am 14. August führt auf einen die Stadt überragenden Berg, auf dem in der auf einer Moschee gebauten Kirche die *»Virgen de Gracia«* verehrt wird. Im Inneren sind durchaus noch Teile der alten Moschee erhalten, der einzigen in der Provinz Malaga. Vom Berg bietet sich ein herrlicher Blick auf Stadt und Umland. Die genannte Wallfahrt eröffnet ein einwöchiges Volksfest.
Auf der MA 214 und der C 334 gelangt man über den gleichnamigen Stausee nach Iznajar, und damit in die Provinz Córdoba.

Málaga

Geschichte

Achteckiger Kirchen

Kirchen

Aussicht

ARCOS DE LA FRONTERA

Wie viele andere andalusische Städte führt auch Arcos, eine 25 000 Einwohner zählende Gemeinde, den Beinamen »de la Frontera«. Die dort bezeichnete Grenze gibt es schon lange nicht mehr. Gemeint ist die Grenze zwischen den von den Christen zurückeroberten und den noch von Arabern gehaltenen Gebieten, besonders der Provinz Cádiz. Die eigentliche Attraktion bezieht die Stadt aus ihrer traumhaft schönen Lage auf einem Felsen 160 m über dem Fluß Guadalete und ihrem maurisch an-

Cádiz

Schöne Lage

Bild oben:
»Weiße Gasse«

mutenden Stadtbild. Es gibt viele sogenannte »weiße Dörfer« in Andalusien. Unter ihnen ragt die Schönheit von Arcos heraus. Daher steht auch die gesamte *Altstadt* unter Denkmalschutz. Von der zentralen Plaza de Espana aus blickt man tief hinunter zum Fluß. Diesen unvergleichlichen Blick hat man auch vom → Parador am obengenannten Platz aus. Allein ein zielloser Spaziergang durch die engen Gassen

Sehenswerte Altstadt

und Winkel der Altstadt ist ein Fest für die Augen. Im wahrsten Sinn ragt aus dem strahlend weißen Häusermeer der barocke Glokkenturm von *San Pedro* heraus. Auch die Hauptfassade der Kirche ist barock, obwohl im Inneren die gotische Bauart zu erkennen ist. San Pedro ist bekannt für seine Gemälde. In der Kirche *Santa Maria de la Asuncion* findet man sogar Spuren der Westgoten in der Bausubstanz.

Unterkunft

Im Hostal »Málaga« an der C/ Luis Cernuda 1 wohnt man zentral und preiswert. Außer seinem besseren Komfort hat das »Meson la Molinera« noch zwei weitere Vorteile. Zum einen liegt es an der Straße nach El Bosque in der Nähe des *Lago de Arcos* und zum anderen kann man im angeschlossenen Restaurant hervorragend essen.

Camping

Camper können einfach in der Nähe des Stausees ihr Zelt aufschlagen. Elf Kilometer von Arcos liegt das kleine Dorf *Bornos* am gleichnamigen Stausee. In dem an sich arabisch wirkenden Dorf haben auch die Christen deutliche Spuren hinterlassen. *Bornos*

Der Ribera-Palast ist zwar nicht im besten Zustand, Garten und Kapelle sind dennoch sehenswert. Die schönere Strecke von Arcos aus ist die C 344, letztlich in Richtung → Ronda. *Ribera-Palast*

Nach 32 km gelangt man nach *El Bosque*. Dabei durchquert man die herrliche Landschaft der Sierra de Pinar. In El Bosque muß man sich entscheiden, ob man noch einen Abstecher über die CA 524 nach *Ubrique* unternimmt. Die kleine Industriestadt wirkt gemütlich und mittelalterlich. Hier sind Lederwaren besonders preiswert. Von Arcos de la Frontera aus sind es über die C 343 bis Medina Sedonia 37 km. *Ausflug*

Der Name dieser als typisches »weißes Dorf« bekannten Stadt ist der eines alten Adelsgeschlechts, das bei der Ausbeutung der amerikanischen Kolonien zu Macht und Geld kam. Ein erheblicher Teil dieses Geldes floß durch Medina Sedonia, das im 16. Jahrhundert sehr davon profitierte. *»Weißes Dorf«*

Die Kirche *Santa Maria la Coronada* stammt aus der Zeit, als sich Medina Sedonia im Kampf gegen das noch maurische Granada hervortat. Das *Rathaus* und die Kirchen *San Augustin* und *Santiago* sind weitere Sehenswürdigkeiten der an sich schon sehr attraktiven Stadt. *Sehenswürdigkeiten*

AUTOFAHREN

Es ist kein reines Vergnügen, den langen Weg an die Costa del Sol im eigenen Auto hinter sich zu bringen. Meist ist es allerdings noch weniger vergnüglich, vor Ort mit dem Auto unterwegs zu sein, denn die Verkehrsdichte auf der Küstenstraße N 340 ist den ganzen Tag über sehr hoch. *Küstenstraße*

In den Städten sind tagsüber die Zentren von Autos verstopft und nur schwer passierbar. *Städte*

Aber auch das Parken des Fahrzeugs bereitet Probleme, da Parkraum *Parken*

Vorsicht

Mangelware ist. Die »gruas«, also die Abschleppdienste, werden von fleißig Strafmandate schreibenden Polizisten den ganzen Tag in Atem gehalten. Außerdem darf man nie etwas Wertvolles im Wagen zurücklassen und sollte dies auch deutlich zeigen (geöffnetes Handschuhfach etc.), um nicht Automarder anzulocken. Wenn Sie also mit dem Auto anreisen, dann möglichst gleich in ein Hotel mit Garage oder bewachtem Parkplatz. Innerhalb der Städte sind Taxen allemal eine preiswerte Alternative. Um auch entlegene Regionen Andalusiens besuchen zu können, ist ein Auto aber oft unerläßlich, da man sonst viel Zeit auf Busbahnhöfen oder RENFE-Stationen verbringt. Die Straßen zwischen den Metropolen Cádiz, Sevilla, Granada, Córdoba und Málaga sind meist recht gut ausgebaute Landstraßen. Das ehrgeizige Straßenbauprogramm der Regie-

Straßenbau

rung trägt erste Früchte. Zunächst werden natürlich die Straßen zur Hauptstadt Madrid ausgebaut. Aber im Zuge der Vorbereitung zur Expo 92 in Sevilla soll auch die Hauptstadt Andalusiens an das Autobahnnetz angeschlossen sein.

Tempolimit

Auf den Autobahnen gilt ein Tempolimit von 120 km/h. Die erlaubten 60 km/h in der Stadt werden dort sowieso kaum gefahren, wegen der Verkehrsdichte. Dagegen wird auf den Landstraßen meist schneller gefahren, als die erlaubten 90 km/h. Das Auffinden auch der kleinsten Dörfer bereitet mit der Michelin-Straßenkarte Nr. 446 kein Problem.

Reparaturen

Werkstätten aller gängigen Marken gibt es in allen großen Städten und an der Costa del Sol, zumal Seat zu VW gehört und Ford auch in Spanien produziert. Reparaturen sind weit billiger als in Mitteleuropa.

Das Benzin ist nicht teurer als in der Bundesrepublik. Bleifrei tanken kann man vor allem in den Städten. Das Netz wird ständig ausgebaut und kann inzwischen als fast flächendeckend bezeichnet werden.

Promillegrenze

Auch wenn es kaum Alkoholkontrollen gibt, die Promillegrenze liegt bei 0,8.

BAEZA

67 km von der Provinzhauptstadt → Jaén entfernt liegt mit Baeza eine beschauliche Gemeinde von 15 000 Seelen. Die Anfahrt über die N 321 führt durch unendlich scheinende Olivenhaine. Wie die gesamte Provinz, lebt auch Baeza in erster Linie vom Olivenanbau. Tourismus spielt hier nur eine geringe Rolle. Dabei ist der Ort durchaus einen Abstecher wert, zumal er nur 9 km von der ebenfalls sehenswerten Schwesterstadt → Ubeda entfernt ist. Seine Lage 760 m über dem Meer läßt die Stadt auch im Sommer nie zu heiß werden.

Jaén

Olivenanbau

Baeza gilt als die Stadt der Renaissance. Ganze Teile der Altstadt wirken wie aus einer anderen Zeit. Um diese Mischung aus weißen Wohnhäusern, Palästen und Kirchen genießen zu können, sollte man sich in der Touristeninformation an der Plaza del Popolo einen Stadt-

Altstadt

Bild unten: Baeza, Casa de los Galeotes

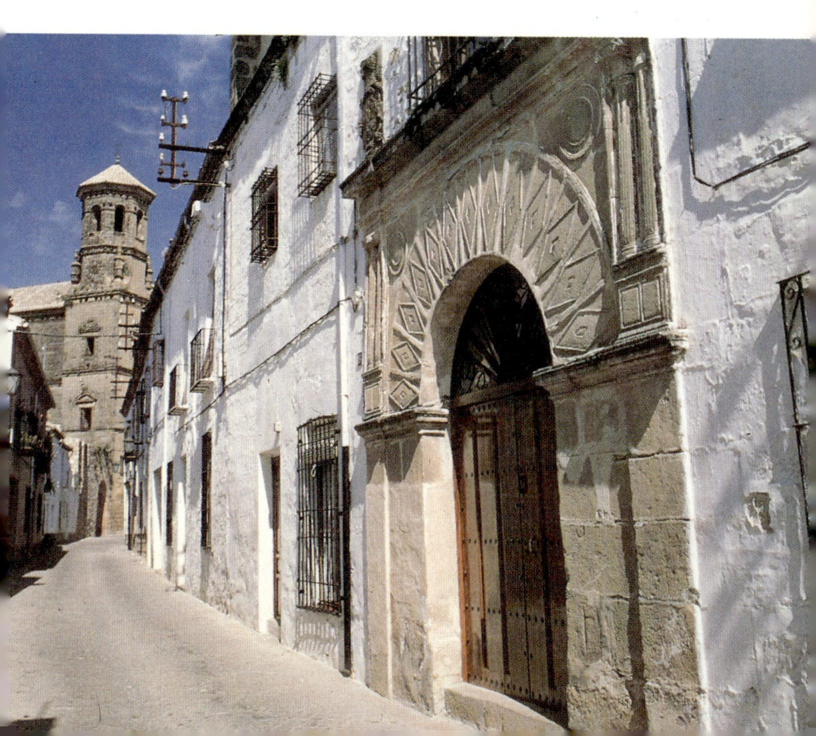

Plaza del Popolo

plan besorgen. Schon der zentrale Platz gibt mit dem Rathaus aus dem 16. Jahrhundert, der *Iglesia del Hospital de la Purisima Concepcion* einen Eindruck von der großen Geschichte dieser alten Römersiedlung. Löwenbrunnen, historisches Schlachthaus, die Puerta de Jaén und der Arco de Villalar am westlichen Ende der Plaza del Popolo machen neugierig auf den

Freiluftmuseum

Besuch eines lebendigen *Freiluftmuseums* hinter der Puerta del Barbudo. Zunächst passiert man die alte Universität. In der selben Straße

Unterkunft

liegt das Hostal »Adriano«, das billigste und gleichzeitig schönste Hotel von Baeza. Die großen Zimmer gruppieren sich um einen Lichthof herum, in dem Dutzende von exotischen Vögeln den Gast singend und krächzend begrüßen.

Bild unten: Fassade an der Plaza de los Leones

Gegenüber der Universität, mit der Hauptfassade zur Cuesta de San Felipe, liegt mit dem *Palacio de Jabalquinto* ein gotischer Palast mit

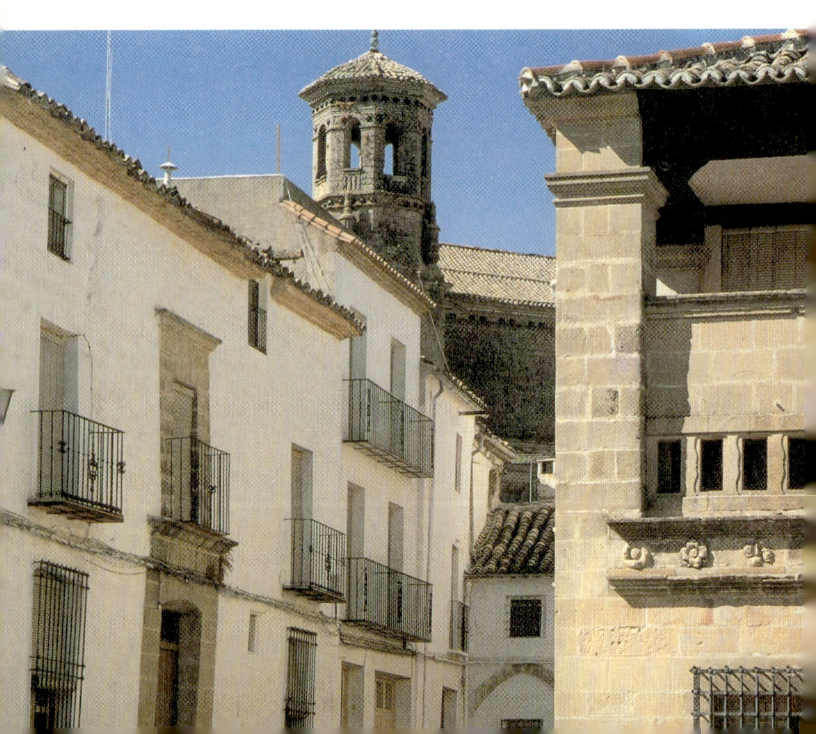

filigranem Fassadenschmuck. Auch die *Iglesia de la Santa Cruz* gegenüber trägt zu einem über Jahrhunderte gewachsenen Stadtbild bei. Die Cuesta de San Felipe endet auf dem Platz vor der *Kathedrale.* Diese wurde, wie in den meisten andalusischen Städten, auf den Ruinen der zerstörten maurischen Moschee gebaut. Der größte Teil der Kirche stammt aus dem 16., die Westfassade aus dem 13. Jahrhundert. Über die Calle San Juan Bautista gelangt man schließlich auf den Paseo de las Murallas. Von dort hat man einen herrlichen Blick über ein von Olivenhainen geprägtes Tal bis nach → Ubeda. Die meist von kräftigen Winden gefegte Straße führt zur Plaza de Toros und von dort über die Straßen Baldomero Rubio und San Pablo durch die heutige Innenstadt und somit zur Plaza del Popolo zurück. In der C/ San Pablo liegen jedoch nicht nur Hotels und Geschäfte. Nacheinander passiert man die Kirche San Pablo, den Palacio Ceron und den Palacio de los Condes de Garciez. Abends ist Baeza ein eher verschlafenes Nest. Die Jugendlichen treffen sich rund um die Plaza del Popolo oder unter den Arkaden am Camino Real. Im Hotel »Comercio« an der Calle san Pablo kann man nicht nur preiswert übernachten, sondern auch hervorragend essen. Der nächste Bahnhof liegt 10 km in Richtung Linares. Vom Busbahnhof aus gehen ständig Busse nach Ubeda, Linares und Jaén. Baeza eignet sich hervorragend als Ausgangspunkt für Tagestouren nach → Ubeda und → Cazorla.

Kirche

Kathedrale

Ausblick

Jugendtreff

Hotel und Restaurant

Verbindungen

Der Name des Stadtviertels Albaicin in Granada, so wird neben anderen Deutungen gesagt, stamme von seinen ursprünglichen Bewohnern. Nach deren Vertreibung aus ihrer Heimatstadt Baeza – es liegt am Oberlauf des Guadalquivir – ließen sich die Leute aus diesem Ort unterhalb der Alhambra nieder. Nicht weit von Baeza, an der Mündung des Guadalquivir, soll vor langer Zeit einmal die sagenumwobene Märchenstadt Tartessos oder Tarschisch gelegen haben. Vor dem 11. Jahrhundert v. Chr. muß diese Stadt schon bestanden haben, das belegen verschiedene Quellen. Der Reichtum von Tartessos muß unwahrscheinlich gewesen sein. Angeblich soll sich hier König Salomo mit Silber eingedeckt haben. Reichtum schafft Feinde. Um das Jahr 620 v. Chr. kamen die Phoenizier aus Karthago herüber und zerstörten diesen Ort. Und zwar so gründlich, daß man bis heute nichts mehr von ihm gefunden hat. Tartessos, das schon oft mit dem geheimnisvollen Atlantis identifiziert worden ist, blieb verschwunden. Archäologen vermuten, daß der Guadalquivir – er hieß zu römischer Zeit Baetis – seine Mündung verlagert hat.

BAHN

Spanien ist kein ausgesprochenes Bahnland und der Süden schon gar nicht. Daß die RENFE-Züge immer wieder Verspätung haben, liegt einfach daran, daß nicht genügend Gleise zur Verfügung stehen.

Fahrkarten

Bei Fernverbindungen ist es ratsam, die Fahrkarten zeitig zu kaufen. Fünf Minuten vor Abfahrt des Zuges sind die Schalter geschlossen. Die schnellsten Züge heißen »Talgo«. Sie bewältigen die großen Entfernungen mit relativ wenigen Zwischenstops. Lokale Züge halten an jeder Milchkanne und müssen oft auf Expreßzüge warten, da viele Strecken nur eingleisig sind. Die Expreßzüge wiederum warten auf die Talgos und brauchen für manche Strecken doppelt so lange wie diese. Für die Schnelligkeit der Talgos muß man hohe Aufschläge bezahlen. Geld sparen kann man an den sogenannten »blauen Tagen«, wenn die Rückfahrkarten von Strecken über 100 km ein Viertel billiger sind.

»Blaue« Tage

BARS

Bekanntlich spielt sich das Leben in Spanien weit mehr im Freien ab als in Mitteleuropa. Einen guten Teil dieses »öffentlichen« Lebens verbringt der Spanier in Bars. Dazu muß gesagt werden, daß jede Kneipe mit Tresen »Bar« heißt. Dort frühstückt man »churros«, das sind fritierte Teigrollen, dazu trinkt man Kaffee und manch einer fängt den Tag mit einem Weinbrand an. Auch die Mittagspause wird, beson-

Wichtiger Treffpunkt

Frühstück

ders wenn kein Park in der Nähe ist, in der Bar verbracht. So sehr ist der Spanier an die fast immer scheinende Sonne gewöhnt, daß er ihr wann immer es geht ausweicht. Das macht durchaus Sinn, denn direkte Sonneneinstrahlung ist in ihrer Intensität im Sommer auf Dauer schädlich. Es gibt, könnte man glauben, in jeder Straße mindestens eine Bar. Dort und nicht in ihren privaten Räumen treffen sich Nachbarn und Freunde. Verabredungen trifft man fast immer für Bars. In einigen dieser kommerziellen Sozialeinrichtungen gibt es kostenlos kleine Portionen und Happen zu den Getränken. Natürlich dient das auch dem Umsatz, aber drei dieser »Tapas« können fast schon eine Mahlzeit ersetzen. Die »Unterlage« für die meist alkoholischen Getränke wird dadurch gleich mitgeliefert. Will man etwas mehr von einer Speise, bestellt man eine »ración«. Obgleich Spanier zu jeder Tages- und Nachtzeit auch harte Alkoholika trinken, sieht man selten einen angetrunkenen Spanier in der Öffentlichkeit. So etwas empfinden Spanier nämlich als unangenehm. Mit → Trinkgeldern kann man in Bars vorsichtig umgehen. Steht der Chef selbst hinter dem Tresen, gilt es als Beleidigung. Ansonsten sind fünf Peseten Trinkgeld für den Kaffee gerade richtig. An den Küsten hat man sich auch schon an höhere Trinkgelder gewöhnt. Eine spanische Bar erkennt man meist auch im Vorbeilaufen und mit geschlossenen Augen an dem ununterbrochenen Geplärr aus einem Fernseher. Am Wochenende gesellen sich auch häufig deutsche Gäste in die Bars, um die europäische Fußballszene im Auge zu behalten.

Mittagspause

Häppchen

»ración«

Trinkgeld

Akustik

BENALMADENA

Der 22 000 Einwohner zählende Badeort teilt sich in das Dorf zwei Kilometer von der Küste und Benalmadena-Costa. Von Málaga kommend liegt der Ort gleich hinter → Torremolinos. In erster Linie werden die Gäste von den

Málaga

Strand

neun Kilometern Sandstrand angezogen. Auf die Küste hat man von Benalmadena aus einen schönen und weitreichenden Blick. Außerdem

Museum

lohnt es sich, das Museum zu besuchen, in dem präkolumbianische Kunst sowie Funde der Römer und Mauren zu sehen sind. Im Castillo de Bil-Bil finden heute Ausstellungen und Konzerte statt. Innerhalb dieses Kulturzentrums ist auch ein Turismo-Büro untergebracht. Im Ortsteil Arroyo de Miel, einen halben Kilometer von der Küste, mischen sich heute traditionelle Bauern- und Fischerhäuser mit modernen Wohnanlagen.

Vergnügungspark

In diesem Ort ist mit der »Tivoli World« ein beliebter Vergnügungspark entstanden. Außer Gärten, einem Freilichttheater und Restaurants wird hier Sport groß geschrieben. Fußball und Badminton gehören zum ständigen Angebot

Großes Angebot

für die Besucher. Die Benalmadena-Costa wird beherrscht von Appartements, Jachthafen, Golfplatz und Kasino. Einige Einkaufszentren sind Tag und Nacht geöffnet. Hier herrscht ein reges Nachtleben mit Discotheken und Bars. Die alten Wachtürme sind an der Küste als einzige alte Bauwerke bestehen geblieben.

Feste

Mitte August feiert man das Fest Nuestra Senora de la Cruz, im November findet ein Amateur-Filmfestival statt und Ende Juni steht bei den Feierlichkeiten in Arroyo de Miel der heilige Johannes im Mittelpunkt. Benalmadena liegt nur 23 km von Málaga entfernt und ist von daher mit dem Bus der gesamten Costa del Sol

Unterkunft

verbunden. Es gibt Hotels und Appartements in allen Preisklassen. Das Hotel »Triton«, Avda Antonio Machado 29, bietet alles, was das Herz begehrt. Aber die fünf Sterne wollen auch bezahlt sein. Preisgünstiger, ebenfalls zentral gelegen und mit Pool und Garten ausgestattet ist das »Park Hotel« an der Avda del Mar. In Arroyo de Miel wohnt man preiswert im »Sol y Miel«, Blas Infante 20. Das Hotel liegt zentral und verfügt über ein Restaurant und ein Lebensmittelgeschäft.

Von Benalmadena aus ist es nicht weit nach → Mijas und Torremolinos.

BEVÖLKERUNG

Die sechs Millionen Andalusier entstammen einem komplizierten Gemisch an Rassen. Das erklärt sich einfach aus der von Eroberungen reichen → Geschichte des Landes. Die letzte größere Binnenwanderung in Spanien fand zwischen den Jahren 1961 und 1975 statt. Eine Million Andalusier verließen ihre verarmte Heimat und zogen in den industrialisierten Norden, besonders nach Barcelona. Durch diesen Massenexodus verlor Andalusien 18 % seiner Bevölkerung, darunter viele junge Menschen. Die Bevölkerungsdichte liegt bei 65 Einwohner pro qkm.

Landflucht

Bevölkerungsdichte

Die zunehmende Industrialisierung auch des Südens treibt die Menschen weiterhin in die Städte und an die Küsten. Weite Regionen Andalusiens, wie die Sierra Morena, sind nahezu menschenleer geworden.

Bild unten: Am Herdfeuer

BUS

Busbahnhöfe

Europabusse

Im Land

Busse verkehren überall. Jedes noch so kleine Dorf ist an die Linie irgendeines Anbieters angeschlossen. Gerade in größeren Städten sind die Stationen der Busgesellschaften zu einem Busbahnhof zusammengelegt worden. Busse sind schneller als die Bahnen und pünktlicher sind sie auch. Busse halten auch auf freier Strecke, um Leute mitzunehmen. Handzeichen genügt meist. Auch Europabusse durchqueren Spanien in seiner ganzen Länge. So kann man von Algeciras nach Deutschland oder Holland fahren, ohne einmal umzusteigen. Diese Art der Reise ist preiswert, zumal die noch billigere Alternative, das Trampen, in Spanien fast unmöglich ist. Der Komfort der Busse ist in den letzten Jahren erheblich besser geworden. Das gilt natürlich vor allem für die großen Strecken, während zwischen den Dörfern noch die etwas kargeren Modelle zum Einsatz kommen.

CABO DE GATA

Almería

Fischerdörfchen

Es ist schon erstaunlich, wie konsequent sich die Halbinsel und das weit ins Meer reichende Kap dem Massentourismus bisher entzogen haben. Nur in *San José* sind ständig Campingfreunde auf bezahlten Plätzen anzutreffen. Ansonsten übernachtet jeder an der Stelle, die ihm am besten gefällt. *El Romeral* und *Cabo de Gata* sind Fischerdörfchen, wie sie im Buche stehen. Vom dazwischen liegenden Kap aus hat man einen weiten Blick auf das nahe → Almería und große Teile der umliegenden Küste. In dem einzigen Reaturant in *Rodalquilar* wird man freundlich behandelt; im Vergleich zu der internationalen Atmosphäre der Costa del Sol fühlt man hier das eigentliche, ursprüngliche Spanien. Auch Ausflüge in die Sierra de Cabo de Gata sind mit Ruhe und, besonders im Frühling, mit einem Naturerlebnis besonderer Art verbunden. Im Sommer ist dann die sparsame Vegetation schnell verbrannt.

Bild rechts:
Cabo de Gata
Naturpark

Nijar

Nördlich der Halbinsel liegt *Nijar,* eine kleine Stadt, in der vor allem die Töpferwaren bekannt und preiswert sind. Der 10 000 Einwohner zählende Ort befindet sich 350 m über dem nahen Meer, im Südosten der bis zu fast 1400 m ansteigenden Sierra de Alhamilla. Im Sommer herrscht dort eine von keinem Baum beschattete Bruthitze. In Nijar findet man zentral Unterkunft sowohl im Hostal »Montes«, Avda Gárcia Lorca, als auch in der Pension »Tripiana« am Nuevo Acceso.

Unterkunft

CÁDIZ

Älteste Stadt

Egal, von wo man sich Cádiz nähert, nie würde man es für die älteste Stadt Europas halten. Um in das ältere Zentrum der 158 000 Bewohner zählenden Hafenstadt am südlichsten Ende Europas zu gelangen, muß man erst kilometerlang durch eine gleichförmig häßliche Neustadt. Das, was man als Altstadt bezeichnen könnte, befindet sich auf einer Insel. Diese war seit Anbeginn menschlicher Existenz umkämpft. Die Phönizier mußten den Karthagern, diese den Römern und jene wieder den Arabern weichen. Vor der Rückeroberung durch die christlichen Heerscharen wurde Cádiz noch Opfer eines Normannenüberfalls. Eine Blüte erlebte die Stadt in der Zeit des Handels mit den amerikanischen Kolonien. Der folgende Abstieg wurde durch die Belagerung der Stadt durch Napoleon besiegelt. Aus dieser Zeit, 1812, stammt die in Cádiz geschriebene, erste demokratische Verfassung Spaniens. All das haben nur wenige Baudenkmäler überlebt. Die barocke *Kathedrale* stammt aus dem 18. Jahrhundert. Abends rutschen Jugendliche auf Brettern von den Stufen des Gotteshauses. Das knallartige Aufschlagen der Bretter ist eine fast ohrenbetäubende Geräuschkulisse. *Zentrum* ist die Plaza de Juan de Dios, in der Nähe des Fährhafens. Von Cádiz aus fahren Fähren zu den Kanarischen Inseln. Fahrkarten bekommt man in Agenturen auf der Avda San

Geschichte

Kathedrale

Fähren

Francisco Nueva, die dem Hafen gegenüberliegt. An der Straße gibt es zwei Busbahnhöfe. Der Bahnhof befindet sich genau am Hafen und der Plaza San Juan de Dios gegenüber. Hinter diesem Plaza mit seinen Straßencafés und Bars beginnt der charmante, sehenswerte Teil von Cádiz. Besonders schön und gemütlich ist das *Populo-Viertel* zwischen San Juan de Dios und Kathedrale. Jeder Bummel durch die langen, engen Straßen endet zwangsläufig am Meer, das den Rhythmus der Stadt immer bestimmt hat. Die besseren und günstigeren Unterkünfte liegen fast alle in Hafennähe. In der alten Tabakfabrik am Bahnhof werden heute Ausstellungen gezeigt. Das archäologische Museum und das Museum für Bildende Künste liegen an der Plaza de Mina. An diesem Platz ist auch das Turismo-Büro zu finden.
Von Cádiz aus sind es etwa 250 km nach Málaga und 100 km nach Sevilla.

Verbindungen

Einkaufsbummel

Unterkunft

Bild unten: Cádiz, Puerta de Tierra

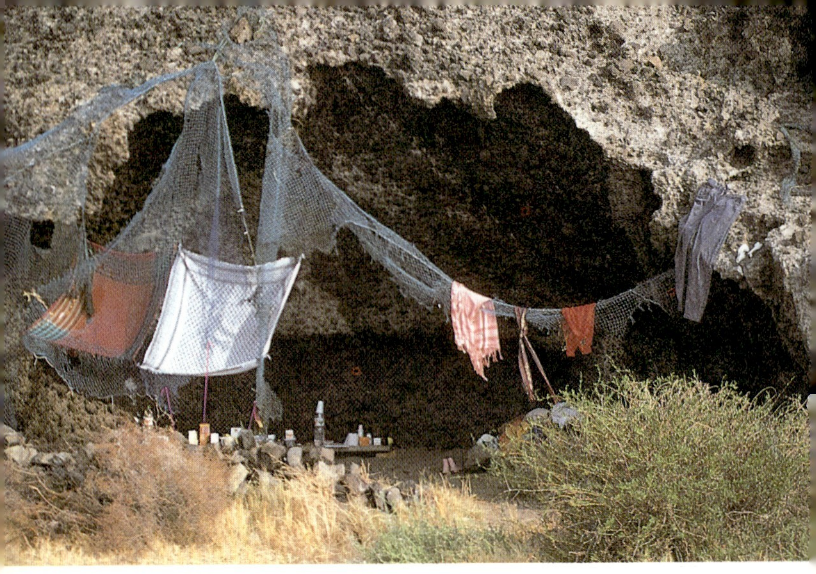

CAMPING

Küsten

Sowohl an der Costa del Sol als auch an der Costa de la Luz herrscht kein Mangel an Campingplätzen. Deswegen kann man sich aber noch lange nicht den schönsten unter vielen heraussuchen, wenn Hauptsaison ist. Von Herbst bis Frühling dagegen hat man freie Auswahl und die Möglichkeit, Rabatte auszuhandeln. Auch in der Nähe der großen Städte im

Inland

Inland gibt es Campingplätze, wenn diese auch meist wegen der Nähe zur Stadt nicht in schönster Umgebung liegen.

Die Alternative, wild zu campen, bietet sich geradezu an, zumal es bis auf wenige Einschränkungen erlaubt ist.

»Wild«-Camping

Allerdings sollten Wildcamper bedenken, daß sie für ihren Müll und ihr Verhalten Tieren und Pflanzen gegenüber selbst verantwortlich sind. Außer am Strand ist ein offenes Feuer in einer so regenarmen Region immer ein großes Risiko.

Trinkwasser

Stauseen sind Trinkwasserreservoire. Dort sollte niemals Seife benutzt werden.

Natürlich wollen die Hotels der Costa del Sol keine wilden Camps an »ihren« Stränden. Hilfreich ist ein Campingführer, den es in jeder Buchhandlung gibt.

Bild oben: Camping an der Küste

CASARES

Bei Manilva, dem letzten Ort am westlichen Ende der Costa del Sol, kann man von der N 340 auf die MA 539 landeinwärts abbiegen. Allerdings sollte man nicht versäumen, die *Burg Sabinillas* in der gleichnamigen Urbanisation zu besuchen. Zu den Sandstränden gehören große Wohnanlagen und der Jachthafen »Puerto la Duquesa«. Das eigentliche Manilva ist ein Bauerndorf, dessen Weine in der Gegend sehr geschätzt werden. Diesem Wein ist ein Fest Anfang September gewidmet.

Málaga

Manilva

Strände

Folgt man der schlecht ausgebauten MA 539 20 km ins Landesinnere, stößt man auf eine kleine Gemeinde namens Casares. Die über 3000 Bewohner leben inmitten einer grandiosen Landschaft, 439 m hoch, in der Sierra Bermeja. Das Städchen sieht aus wie ein weißer Tupfer in einer wilden, grün-grauen Landschaft. Casares lebt von der Landwirtschaft. Oliven, Gemüse und Wein werden angebaut. In der näheren Umgebung gibt es Pinien- und Eichenwälder, in denen Hochwild heimisch ist. In dem malerisch engen Irrgarten der ineinander verschachtelten weißen Häuser haben nur eine

»Weißes« Dorf

Bild unten: Schafherde

Kirche und Burg

alte Wallfahrtskirche und die Ruinen der Burg über der Stadt die Wirrungen der Geschichte überstanden.

Iberersiedlung

Ganz in der Nähe von Casares, bei *Alsipe,* kann man die Reste einer Iberersiedlung besichtigen. Anfang August finden in Casares Märkte

Fest

statt. Ein Marienfest wird am 8. September gefeiert. Die Stadt liegt etwas über 100 km von Málaga entfernt und ist gar nicht so leicht mit dem Bus zu erreichen. Die Sierra Bermeja rund

Spaziergänge

um den Ort lädt zu längeren Spaziergängen ein. In Casares selbst findet man viele lohnenswerte Motive zum Fotografieren.

CAZORLA

Jaén

Cazorla liegt 50 km von Ubeda in 790 m Höhe. Trotz seiner nur 10 000 Einwohner hat der Ort seit den Befreiungskriegen des 19. Jahrhunderts das Stadtrecht. Schon bei der Anfahrt von Ubeda aus sieht der Ort so aus, als sei er an den Berghang geklebt worden. Wenn man sich dieser Ansammlung weißer, maurisch wirkender Häuser von Westen aus nähert, kann man verstehen, daß es die katholischen Rückeroberer acht Jahre gekostet hat, die

30 Burgen

30 Burgen zu erobern, die Cazorla sicherten. Wegen ihrer Lage am Hang ist die Stadt in drei Ebenen mit drei Hauptplätzen geteilt. Der ro-

Plätze

mantischste dieser Plätze ist die *Plaza Santa Maria* mit der gleichnamigen Kirche und einem Renaissancebrunnen in der Mitte. Ein Spaziergang durch die verwinkelten Gassen eröffnet immer wieder spektakuläre Blicke auf Felswände. In der gesamten Stadt bildet das Rauschen von Wasser eine permanente Geräuschkulisse. Im Rathaus erhält man die notwendi-

Orientierungshilfen

gen Informationen über den Ort und sein schwer zugängliches Hinterland. Die Unterkünfte sind meist einfach, wobei das »Don Die-

Unterkunft

go« an der C/Hilario noch das teuerste Hotel ist. Im »Hostal Andalucia« an der C/M. Falero 40 findet auch das Auto einen sicheren Platz. Im Herbst und Winter ist darauf zu achten, daß

Bild oben: Parador bei Cazorla

das Hotelzimmer beheizbar ist. Während der Weg nach Westen, also in Richtung Ubeda, noch von Olivenhainen geprägt ist, beginnt östlich des Ortes eines der schönsten und artenreichsten Naturschutzgebiete Spaniens. Der *Nationalpark* von Cazorla heißt korrekt »Parque Natural de las Sierras de Cazorla, Segura y Las Villas«. Informationen zu diesem Reservat erhält man bei der Parkverwaltung, C/M. Falero 11 in Cazorla. Der Park ist in mancherlei Hinsicht äußerst bemerkenswert. Es gibt nur wenige Gebiete in Spanien mit einer solch vielfältigen Flora und Fauna. Einige Tier- und Pflanzenarten sind gar inzwischen einmalig in der Welt. In diesem Park entspringt der Guadalquivir, und zwar in Canada de las Fuentes. Dem Park nähert man sich von Cazorla über La Iruela, von wo sich ein schöner Blick ergibt. Es führt eine Straße durch den Park. Nur ein Drittel ist wie ein Nationalpark geschützt. Ansonsten darf, mit Erlaubnis, gejagt, gecampt und gefischt werden. Die geschützte Gegend heißt *Coto Nacional de Cazorla.* So gibt es sogar einen → Parador »El Adelante« in dem Park, und zwar noch recht nahe bei Cazorla. Über eine schmale Straße geht es durch ein Tal zum *Stausee* »Embalse del Tranco«. Unterwegs passiert man Nadelhölzer, Eichen,

Nationalpark

Anfahrt

Coto Nacional

Stausee

Artenvielfalt Kastanien, Linden, Ahorn und Pappeln. Dachs, Wildschwein, Hirsch, Reh, Fuchs und Wildkatzen haben in den nahezu unzugänglichen Teilen des Parks überlebt.

Anfahrt Mit öffentlichen Verkehrsmitteln kommt man nicht besonders weit hier. Mit dem eigenen Fahrzeug gelangt man allerdings bis an den Stausee und von dort weiter nach *Villacarillo.*

Dörfer Aber auch die *Dörfer* der Sierra wie Quesada mit seinem Kunstmuseum oder Tiscar mit seiner schönen Umgebung sollte man nicht auslassen. Je näher man nach El Tranco de Beas

Zelten kommt, desto mehr Zeltplätze findet man. Einen Großteil der kleinen Seen, lauschigen Wälder und schroffen Felsformationen verpaßt man allerdings, wenn man nicht einen ausgedehnten Spaziergang oder eine Wanderung

Wandern macht. So führt ein herrlicher Wanderweg über die Nava de San Pedro, die Laguna de Valdeazores und den 1922 m hohen Banderillas nach Pontones.

CEUTA

Cádiz Die spanische Enklave La Ceuta befindet sich zwar auf afrikanischem, genauer marokkanischen, Boden, gehört aber zur Provinz Cádiz.

Geschichte Vom spanischen Mutterland erreicht man die seit 1415 portugiesische, später spanische Provinzstadt von 100 000 Einwohnern am schnellsten von → Algeciras aus. Als Freihafen ist Ceuta als Einkaufsparadies beliebt. Ansonsten bekommt man hier höchstens einen vagen Vorgeschmack auf Marokko. Die Grenze ist mit dem Bus oder zu Fuß zu erreichen. Dort bieten Taxifahrer ihre Dienste an. Besonders, wenn

Tetuan kein Bus mehr ins 42 km entfernte Tetuan fährt, sind sie die einzige Möglichkeit, dorthin zu kommen. Während Ceuta eher international als spanisch wirkt, findet der Besucher Tetuans dort wohl kaum etwas seinen Augen vertrautes in der verwinkelten Medina der Stadt. Auch die verwirrendsten Ecken spanischer Altstädte wirken geordnet dagegen.

COIN

Coin liegt 27 km von Torremolinos an der C 344. Das Wesentliche dieses Ortes ist, daß er keine Ähnlichkeit mit Torremolinos hat und von daher eine Abwechslung für den Besucher bietet. Weite Landstriche dieser Region sind beherrscht von Orangen- und Zitronenhainen. Das trifft auch für das Tal der Guadalhorce zu, in dem Coin liegt. Unter den verschiedenen Gotteshäusern ist die *Moschee* aus dem 15. Jahrhundert wohl die interessanteste. Außer einem maurischen Palast erinnern auch die arabischen Stadtteile an längst vergangene Zeiten.

Málaga

Tal

Moschee

CONIL DE LA FRONTERA

Die nur 14 000 Einwohner zählende Gemeinde Conil de la Frontera bietet dem Besucher das Gesicht einer weißen Stadt am Meer. Obwohl der Ort seit Jahren auch touristisch erschlossen wird, hat er sich sein Stadtbild erhalten. Noch heute lebt Conil in erster Linie von den Erträgen der Fischerei. Zwar kann man die

Cádiz

Bild unten: Flamenco-Tänzerinnen

Verkehrsanbindung

Stadt mit dem Bus von → Cádiz aus erreichen, jedoch ist die Weiterfahrt nach Algeciras etwas langwierig und schwierig, da der Bus nur an der zweieinhalb Kilometer entfernten N 340 hält. Bis Cádiz sind es 40 km, bis Algeciras 65 km. Der Name »de la Frontera« besagt, daß Conil in einem Gebiet liegt, das lange umstrittenes Grenzgebiet zwischen maurischem und katholischem Einflußterritorium war. Aus seiner wechselvollen Geschichte sind von der

Altstadt

griechischen Gründung die Ruinen der *Guzman-Burg* und ein *Befestigungsturm* erhalten geblieben. Aber die steil zum Meer abfallende Stadt ist selbst eine Sehenswürdigkeit. Am be-

Stadtbummel

sten verbinden Sie den Weg zum Strand mit einem Bummel durch den Ort. Dazu bietet sich an, das Auto außerhalb der Altstadt abzustellen und durch die engen Gassen mit ihren strahlend weiß getünchten Häusern zum

Strände

Strand zu laufen. Die 15 km langen, feinsandigen *Strände* »Los Batales« und »Del Gallo de Roche« sind selbst während der Hauptsaison selten vollständig belegt. Ein ständiger, angenehmer Wind verhindert, daß die im Sommer herrschenden 35 Grad im Schatten unerträglich werden. Andererseits bieten lange Sanddünen auch Schutz vor dem Wind. Und abends ist es allemal warm genug, im Patio eines Re-

Fisch

staurants zu sitzen und Fisch oder Meeresfrüchte zu genießen.

Dafür, daß Conil spanisch bleibt, sorgen die vielen einheimischen Touristen.

Abendliche Unterhaltung

Die meisten Discotheken liegen in Strandnähe. Volkstümlicher ist der Tanz auf dem Marktplatz, der während der Saison allabendlich stattfindet. Auch die meisten Feste werden im Sommer gefeiert. Im Juli »Fiesta del Carmen« und ein Flamencofestival, gleich zwei beliebte Festlichkeiten.

Sprachschule

Am Ort befindet sich auch eine Sprachschule.

Unterkunft

Camper finden in Ortsnähe drei Campingplätze verschiedener Qualität. Unter den Hotels ist das »Flamenco«, Fuente del Gallo, mit drei Sternen empfehlenswert. Tennis- und Golfanlagen und ein eigener Pool stehen während der Saison zur Verfügung der Gäste. Einige preisgünstigere Hotels und Pensionen sind in der malerischen Altstadt und an der N 340 angesiedelt.

CÓRDOBA

Einst gehörte Córdoba mit 800 000 Einwohnern zu den größten Städten der Welt. Heute ist sie mit 300 000 Bewohnern immer noch eine der größten Städte Andalusiens geblieben. Für den großen Zulauf hatten die arabischen Herrscher seit Anfang des 8. Jahrhunderts gesorgt, nachdem sie die Stadt den Westgoten abgenommen hatten. Damals wurde Córdoba Hauptstadt eines eigenständigen Kalifats, heute ist es eine Provinzhauptstadt.

Geschichte

Die Neustadt ist für den Besucher in Bezug auf Sehenswürdigkeiten nicht interessant.
Aber auch Teile der Altstadt sind leider nicht im bestem Zustand. Dafür ist sie aber sehenswert wie kaum eine andere in Spanien.
Nähert man sich der Altstadt von jenseits des Guadalquivir, kann man sich von La Calahorra aus, einem Befestigungsturm aus dem 14.

Bild unten: Córdoba, Römerbrücke und Mezquita

Jahrhundert, einen ersten Überblick verschaffen. Zum einen hat man einen schönen Blick auf Córdoba, über die auf römischen Pfeilern stehende Brücke, zum anderen wird im Turm eine Info-Show per Video angeboten. Gleich auf der anderen Seite des Flusses steht man vor dem bekanntesten Bauwerk Córdobas, der Mezquita. Sie ist täglich von 10.30–13.30 Uhr und 16.00–19.00 Uhr zu besichtigen. Im Winter schließt sie um 17.30 Uhr. Zwischen 8.30 und 10.30 Uhr, wenn dort die Messe gelesen wird, kostet es keinen Eintritt, allerdings sollte man die Messe nicht stören. An dieser Stelle hatten zunächst die Römer ihren Tempel, dann errichteten die Westgoten eine Basilika. Die Araber kauften sie den Christen ab und bauten eine kleine Moschee, die dann bis zum 10. Jahrhundert baulich zu dem verändert wurde, was sie heute ist. Dabei wurden Teile der alten Kirche beim Bau verwandt. Durch das Büßertor und den Orangenhof gelangt man in eine flache Halle, die durch 850 Bögen strukturiert ist. Farbigkeit und Form der Säulen lassen einen ohne Frage märchenhaften Eindruck entstehen. An der östlichen Außenmauer, gegen Mekka gerichtet, liegt die schönste und wichtigste Gebetsnische der Moschee. Allein die Kuppel ist ein Erlebnis. Ebenbürtig ist ihr nur die in der Capilla de Villaviciosa befindliche, ursprüngliche Gebetsnische. Leider ließen es sich die Christen nicht nehmen, dieses einmalige Werk um eine Kathedrale zu erweitern, die sich in den 250 Jahren ihres Ausbaus mehrere Stilwechsel gefallen lassen mußte. Unweit der Mezquita, und ebenfalls am Fluß, liegt der Alcazar, oder besser das, was davon übrig geblieben ist. Zumindest sollte man einen Blick vom Turm auf die Altstadt werfen. Die Gärten lohnen allemal den Besuch. Hinter der Mezquita beginnt die Juderia. Ihre engen Gassen, schmiedeeisernen Balkone und Blumenkästen wirken so anziehend, das die C/de Flores eine der Hauptattraktionen der Stadt geworden ist.

In diesem Irrgarten aus Gassen und Höfen fin-

La Calahorra

Mezquita

Moschee

Alcazar

Juderia

Bild links:

Westfassade der Moschee

Unterkunft

det man auch die meisten kleinen Hotels und Pensionen. Viele davon liegen in der C/Rey Herredia, in der auch ein arabisches Restaurant ursprüngliche Kost in ebensolcher Atmosphäre bietet. Im Judenviertel liegen aber auch

Museum und Synagoge

das archäologische Museum und die alte Synagoge. Das jüdische Gebetshaus in der C/Maimonides ist das älteste seiner Art in Spanien. Das eigentliche Stadtzentrum ist die Plaza de las Tendillas. Hier trifft man sich schon tags-

Zentrum

über in Straßencafes oder geht einkaufen. Abends sind die Gartencafes in den Jardines de la Victoria und Diego de Rivas beliebter. Alles was man braucht, nur etwas günstiger, bekommt man auf der Plaza de la Correda. Die

Markt

Gebäude um den Platz sind heruntergekommen. Trotzdem hat dieser von Arkaden gesäumte Platz eine Art von Charme, den die herausgeputzten Viertel leicht verlieren. Hier finden täglich Märkte statt und die günstigsten

Hotels

Unterkünfte gibt es dort auch. Die Hotels gehobener Preisklasse findet man rund um die Plaza de las Tendillas oder direkt daran gelegen. Der Bahnhof Córdobas liegt an der Avda de

Verbindungen

America. Leider gibt es noch immer keinen gemeinsamen Busbahnhof aller Linien. Sie sind auf die Straßen Avda Medina Azahara, Paseo de la Victoria und Avda de Cervantes verteilt. Darüber, welche Busse wohin fahren, gibt das

Information

Informationsbüro an der C/Torrijos oder das an der Plaza Juda Levi Auskunft. Folgt man der Avda Medina Azzahara etwa 7 km und biegt dann rechts ab, gelangt man zu einem Schatz-

Medina Azzahara

kästchen ganz besonderer Art. Medina Azzahara heißt diese Wunderwelt, die sich Kalif Abd-er-Rahman ausschließlich zu seinem Vergnügen errichten ließ. Tausende von Bediensteten hatten in den Schlößchen und Palästen nichts anderes zu tun, als ihren Chef nach allen Regeln der Kunst zu verwöhnen. Wertvolle Funde, vor Ort in einem Museum ausgestellt, ergeben das Bild einer Märchenkulisse. Diese ist im »Salon de los Visires« originalgetreu nachempfunden worden und kann, wie die erst jüngst ausgegrabene Moschee, von

10.00–12.00 Uhr und 17.30–19.00 Uhr, im Winter von 15.30–17.00 Uhr besichtigt werden. Kurios ist, daß die Anlage nicht erst von den Christen, sondern schon von eigentlich gottesfürchtigen Berbern verwüstet wurde.

Öffnungszeiten

Nur zehn Kilometer von Medina Azzahara entfernt liegt eine der vielen Einsiedeleien Südspaniens, »Las Ermitas«. Das profanisierte Kloster San Jeronimo de Valparaiso bietet neben Ruhe einen der schönsten gotischen Kreuzgänge Andalusiens. Die Kapelle ist eine wahre Schatzkammer.

Einsiedeleien

CÓRDOBA (PROVINZ)

Die Provinz Córdoba umfaßt fast 18 000 qkm. Lebensader dieser Provinz ist der Guadalquivir, der sie von Ost nach West durchfließt. Der Norden wird beherrscht von den Gebirgszügen der Sierra Morena. Sie erreicht man von Osten am besten über die N 420. Dabei stößt man zunächst auf *Villanueva de Córdoba* mit seiner sehenswerten Pfarrkirche aus dem 18. Jahrhundert. *Pozoblanco* liegt noch ein Stück weiter in der Sierra Morena und ist so etwas

Fluß

Gebirge

Bild unten: Canena, Provinz Córdoba

wie deren moderne Hauptstadt. Im weiteren Verlauf passiert man *Hinijosa del Duque.* Die dortige Kirche ist gotisch mit Renaissance-Elementen. Wegen ihrer enormen Schönheit wird sie die »Kathedrale aus den Bergen« genannt. In *Belalcazar,* ganz im Norden der Provinz, sind die Pfarrkirche Santiago, das Kloster Santa Ana und eine mittelalterliche Burg die Attraktionen. Ansonsten ist die Sierra Morena weitgehend menschenleer und zeichnet sich durch die wilde Schönheit ihrer Berge aus. Südlich des Guadalquivir wird die Landschaft flacher und somit besser für die intensive landwirtschaftliche Nutzung.

Hinijosa del Duque

Belalcazar

Sierra Morena

CORTES DE LA FRONTERA

Málaga

Der kleine Ort von 4500 Einwohnern liegt inmitten eines mit dichten Wäldern bedeckten, wilden Berglandes. Cortes, eine phönizische Siedlung aus dem 11. Jahrhundert v. Chr., ist über die Panoramastraße C 341 mit Ronda verbunden. Man erreicht die Stadt oder den gleichnamigen Nationalpark auch von → Estepona aus über die MA 557. Auf diesem Weg passiert man nach 33 km Jubrique, ein Dorf von 1000 Bewohnern. Zum Wandern ist die bewaldete Umgebung des Ortes bestens geeignet. In der Nähe sind auch zwei alte *Einsiedeleien* einen Besuch wert. Bei Algatocin gelangt man kurzzeitig auf die C 341 und biegt dann auf die MA 548 ab. Von dort sind es noch 18 km bis nach Cortes de la Frontera. Von allen Völkern, die hier gesiedelt haben, sind die Römer in Bezug auf die baulichen Hinterlassenschaften am stärksten vertreten. *Ruinen* von Tempeln, Brücken und Aquädukte haben die Jahrtausende überdauert. Der heutige Ort wurde erst im 17. Jahrhundert gegründet. Aus dieser Zeit stammen sowohl das barocke *Rathaus,* als auch die *Kirche* der Nuestra Senora del Rosario.

Anfahrt

Einsiedeleien

Römische Funde

Rathaus und Kirche

Über die MA 549 geht es weiter zur Ortschaft *Benaojan* und der berühmten *Cueva de la Pila-*

ta (→ Ronda). Am weitesten hinein in den *Naturpark* von Cortes de la Frontera gelangt man über El Colmenar. Dazu folgt man der N 341 in Richtung auf die Provinz Cadiz und biegt auf die MA 512 ab. Mit dem Zug durchquert man den Park auf der Strecke zwischen Ronda und Algeciras. Diese Bahnfahrt ist ein Ausflug für sich. Man durchquert auf diese Art ein ansonsten völlig unzugängliches, fast unbewohntes Gebiet.

Naturpark

Ausflug mit dem Zug

COSTA DE LA LUZ

Die »Küste des Lichts« beginnt bei Gibraltar und endet an der portugiesischen Grenze. Im Unterschied zur Costa del Sol ist die Südküste touristisch relativ unerschlossen. Der nahezu unbebaute Küstenabschnitt zwischen → Algeciras und → Tarifa lockt vor allem mit herrlichen Aussichtspunkten. Bis nach *Barbate* sind die Strände, Campingplätze und Hotels vielfach von militärischen Sperrgebieten umgeben. Barbate, eine graue Industriestadt, läßt sich aber beiderseits umgehen. Zur Küste hin passiert man einen schattigen Wald und ge-

Cádiz

Aussicht

Bild unten: Blick auf Tarifa, im Hintergrund: Marokko

Strände

langt zu den Stränden rund um das wegen einer Seeschlacht bekannte *Kap von Trafalgar.* Auf dem Weg passiert man den herrlichen Strand *Los Canos de Meca.* Bei Ebbe kann man in die Grotten der den Strand begrenzenden Steilwände gelangen. Die küstennahe Nebenstraße führt dann weiter nach → *Conil de la Frontera.* Dieser kleine, weißgetünchte Fischerort ist schon eine Weile dem Tourismus erschlossen. Das Stadtbild hat sich aber so urgemütlich erhalten, daß ein Besuch auf jeden Fall lohnt. Die Altstadt fällt steil zur Küste hin ab. Ein Stadttor und ein Burgturm sind dem Ort aus seiner Vergangenheit geblieben. Nach Conil kommen fast nur Individualtouristen. Conil ist mit seinen breiten Sandstränden, den vielen kleinen Restaurants und Pensionen eine Perle der Costa de la Luz.

Conil de la Frontera

Busverbindungen gibt es nach Jeréz und Cádiz. Die im Landesinneren verlaufende N 340 führt zunächst nach *Vejer de la Frontera.* Dieser Ort ist als Ganzes eine Sehenswürdigkeit, die ihren Charme ihrem maurischen Gepräge verdankt. Weiße Häuser, bunte Blumen und lauschige Innenhöfe laden zu einem Bummel durch die Vergangenheit ein. Durch die Lage 218 m über dem Meer und doch ganz in seiner Nähe bieten sich weite Ausblicke auf die Küste. Folgt man der N 340 weiter in Richtung Cádiz, gelangt man nach *Chiclana,* einem Fischerdörfchen inmitten ehemaliger Salzfelder, die jetzt zur Fischzucht genutzt werden. Die 36 000 Einwohner leben aber nicht vom Fischfang allein. Seit jeher sind die Strände um die Stadt bei Besuchern sehr beliebt. Hinter dem Strand beginnen ausgedehnte Kiefernwälder, die angenehme Wanderungen ermöglichen. In der Stadt sind die Kirche San Juan Bautista und das Kloster Santa Ana einen Besuch wert. Der weiße Wein aus Chinclana, auch als »pastos« bekannt, genießt einen guten Ruf. An → Cádiz vorbei liegt als nächstes → *El Puerto de Santa Maria* auf dem Weg. Die Stadt hat sich mit Aquatic-Park, hervorragenden Verkehrsverbindungen, einer Vielzahl von Hotels und ei-

Vejer de la Frontera

Chiclana

El Puerto de Santa Maria

nem Jachthafen zu einer Urlaubsinsel aus der Retorte entwickelt. Hier machen vor allem Spanier Urlaub. Santa Maria ist quasi ein Naherholungsgebiet des 17 km entfernten Cádiz.

Rota

Die Strände von *Rota,* nur wenig weiter westlich, sind wohl nicht zuletzt deswegen so leer, weil ein großer US-amerikanischer Militärstützpunkt mit 10 000 Soldaten die kleine Stadt von 22 000 Einwohnern einschließt. Der Lärm durch die Flugzeuge ist jedenfalls beträchtlich. Auch das vielfältige Nachtleben von Rota wird von den Amerikanern bestimmt. Ob in Discotheken oder Bars, man kann sich mit Englisch ebenso verständigen wie mit Spanisch.

Sehenswürdigkeiten

Sehenswert sind die alte Stadtmauer, die Ruine der »Luna«-Festung und die Kirche »Virgen de la Expectacion« aus dem 16. Jahrhundert.

Strände

Die Strände »De la Costilla« und »Punta Candor« liegen teilweise hinter schattenspendenden Kiefernwäldern. Rota liegt 41 km von Cádiz und wird von dort regelmäßig von Bussen angefahren. Nur 16 Kilometer weiter nordöstlich gelangt man in die Ortschaft *Chipiona.* Sie hat noch nicht allein auf den Tourismus gesetzt. Ausgedehnte Gewächshausplantagen umgeben die Stadt. Dort werden vor allem Gemüse und Blumen angebaut. Der milde Moscatel-Wein aus Chipiona genießt ebenfalls einen guten Ruf.

Chipiona

Sehenswürdigkeiten

Baugeschichtlich ist besonders der gotische Kreuzgang des Klosters »Nuestra Senora de Regla« erwähnenswert. Von dem aus der Römerzeit stammenden Leuchtturm am Puente del Perro hat man einen weiten Blick über die Mündung des Guadalquivir und die herrlichen Sandstrände in und um Chipiona. Der Strand »de Regla« liegt direkt in der Stadt. Das dortige Hotel »El Tranvia« ist ausschließlich während der Saison geöffnet. Im Ort findet man allerdings zu jeder Jahreszeit eine preiswerte Unterkunft. Zumindest das »Paquita« an der C/Francisco Lara ist das ganze Jahr hindurch geöffnet.

Strände

Unterkunft

Sämtliche Wassersportarten kann man hier

Wassersport

ausüben, sie werden aber nur während der Saison angeboten. Der örtliche Segelclub bietet Kurse an und auch Angelfahrten werden auf Anfrage organisiert.

Sanlucar de Barrameda

In *Sanlucar de Barrameda* endet die zur Provinz Cádiz gehörende Costa de la Luz. Auf zwei Ebenen verteilt erinnern eine Reihe von Palästen an die Vergangenheit als reiche Handelsstadt. Die Paläste der Orleans-Bourbonen und der Grafen de Nieba zählen zu den prunkvollen Zivilbauten der Stadt. Neben vielen anderen Kirchen ist vor allem das Mudejar-Portal der Kirche »Nuestra Senora de la O« aus dem 16. Jahrhundert eine Sehenswürdigkeit ersten Ranges. Sanlucar ist neben → El Puerto de Santa Maria und → Jeréz de la Frontera der dritte Ort, in dem Sherry gelagert werden darf.

Sehenswürdigkeiten

Kolumbus

Von Sanlucar aus startete Kolumbus seine dritte Reise nach Amerika und Magellan machte hier den Anfang zu seiner Weltumseglung. Vom Handel mit den Kolonien rührt auch der Reichtum der Stadt her. Erst als Sevilla den größten Teil der Ausbeutung der »Neuen Welt« übernahm, verarmte die heute 48 000 Einwohner zählende Stadt zusehends. Von den mächtigen Türmen der Santiago-Burg hat man einen herrlichen Blick über die Stadt und den anschließenden Donaña Nationalpark (→ Nationalparks), von dem die Stadt durch die Mündung des Guadalquivir getrennt ist.

Aussicht

Strände

An den weiten, sandigen Stränden um Sanlucar herum tummeln sich in der Saison besonders viele Spanier. Einmal im Jahr finden dort am Strand auch Pferderennen statt. Zu diesem Anlaß reisen Menschen aus der gesamten Umgebung an und machen das Spektakel zu einem wahren Volksfest.

Hafenviertel

Im Hafenviertel »Bonanza« findet man einige erstklassige Fischrestaurants und folgt man der Straße weiter am Ufer des Guadalquivir entlang, erreicht man bald das *Naturschutzgebiet* Algaida. Die dortigen Pinienhaine bieten dem ansonsten selten gewordenen Niederwild eine Zuflucht. Der Guadalquivir bildet auch die Grenze zur Provinz → Huelva.

Naturschutz-Gebiet

DIEBSTAHL

In Spanien gibt es im Verhältnis nicht mehr und nicht weniger kriminelle Straftaten als in der Bundesrepublik Deutschland.
Um sich vor Diebstählen zu schützen, genügen die üblichen Vorsichtsmaßnahmen: Brustbeutel oder Gürteltaschen etc. Natürlich sollte man Wertgegenstände nicht offen im Auto liegenlassen. Paß und größere Geldbeträge läßt man am besten im Hotelsafe. Besonders in Málaga oder Algeciras wird relativ viel gestohlen. Bei einem Diebstahl muß man auf jeden Fall die Polizei benachrichtigen und ein Protokoll anfertigen lassen. Mit der Kopie davon kann man den Verlust dann bei der eigenen Versicherung geltend machen. Reisegepäckversicherungen gibt es in verschiedenen Paketen und Laufzeiten recht preiswert in jedem Reisebüro. Ein Hotel mit Garage ist auf jeden Fall von Vorteil.

Protokoll

ECIJA

Schon bei der Anfahrt über die N IV von Cordoba nach Sevilla wird dem Besucher klar, warum Ecija den Beinamen »Stadt der Sonne und der Türme« trägt. Meist ist der Himmel über der 35 000 Einwohner zählenden Gemeinde 88 km von Sevilla strahlend blau. In ihrer Nähe werden auf zivilen und militärischen Gestüten Pferde gezüchtet. Ganze Herden dieser anmutigen Tiere tummeln sich auf den Weiden des fruchtbaren Genil-Tals.

Pferdezucht

Elf Türme und 15 Glockentürme ragen über die mit geschichtlichen Bauwerken reich bestückte Stadt hinaus. Unter den zivilen Bauten verdienen der *Palast Valdehermoso* und der *Palast von Benameji* besondere Aufmerksamkeit. In letzterem ist eine Kutschensammlung zu besichtigen. Der *Palast Penaflor* wird auch der »Palast der Balkone« genannt. Teile der alten Stadtmauer sind ebenfalls erhalten. Die »gute Stube« von Ecija ist die *Plaza de Espana*. Sie

Türme

Sehenswürdigkeiten

Altstadt

wird auch oft als »El Salon« bezeichnet. Im *Rathaus* ist ein Mosaik aus dem 3. Jahrhundert zu bewundern. Unter den sakralen Bauten ist die *Kirche San Juan* die mit dem schönsten Turm in der Stadt. Der *Convento de las Teresas* vereinigt einige der in Ecija zu findenden Stilrichtungen in einem Komplex. Der Konvent wurde vom 14. bis zum 18. Jahrhundert ständig verändert. Vorherrschend ist der Mudejar-Stil. Die *Kirche Descalzos* dagegen entstammt

Verbindungen

dem Barockzeitalter. Ecija ist sowohl mit dem Bus wie auch mit dem Zug von Sevilla und Cordoba aus zu erreichen. Wenn möglich sollte man den Aufenthalt dort auf einen der Feier-

Feste

tage legen. Am 21. Januar ist das Fest des San Pablo, am 8. Mai der Maimarkt, am 8. September findet ein Fest zu Ehren der Virgen del Valle, am 21. September eines für San Mateo

Unterkunft

statt. Sowohl das teuerste als auch das preiswerteste Hotel Ecijas liegen an der Ctra Madrid–Cádiz. Das »Astigi« bei km 450, das »Vega Hermanos« bei km 461.

EINKAUFEN

Die Zeiten, da Spanien in fast allem weit billiger war als in anderen Ländern, sind längst vorbei. Vor allem an den Küsten haben sich die Preise an Europa angeglichen. Billiger sind immer noch Zigaretten und Alkohol. Lederwaren sind nur dann preiswert, wenn man sie am Ort der Herstellung kauft. An der Costa del Sol jedenfalls ist jede Art von Souvenirs eher teuer oder häufig von minderer Qualität. Es gibt alles zu verschiedenen Preisen, deshalb sollte man vergleichen. In den Städten haben die Fachgeschäfte weit günstigere Angebote als in den Urbanisationen am Strand.

EL CHORRO

Málaga

Sie liegt nur etwa 50 Kilometer von Málaga und ist dennoch eine vergleichsweise wenig besuchte Sehenswürdigkeit ersten Ranges. Die »Garganta del Chorro« ist eine wilde Schlucht, in der das klare Wasser mit Getöse über Stufen in den Stausee »Conde de Gaudalhorce« stürzt. Die steile »Kehle«, denn nichts anderes heißt »garganta«, steht unter Naturschutz. Dort kann man mit etwas Glück Geier, Adler und andere selten gewordene Vögel beobachten. *Schlucht*

Dieser Ausflug von der Costa del Sol beginnt entweder in Málaga und führt über MA 402 oder in Marbella über die C 337 in Richtung Cartama. Von Málaga aus folgt man dem Verlauf des Rio Guadalhorce und stößt bei *Estacion de Cartama* auf die Landstraße aus Marbella. Der Bahnhof des gleichnamigen Ortes liegt unweit der 12 000 Einwohner zählenden Gemeinde. In dieser Stadt im Tal des Guadalhorce und am Fuß der Hoya de Málaga hatten schon Phönizier und Römer Fuß gefaßt. Letztere umbauten den Flecken mit gewaltigen Mauern und machten ihn zur Stadt. Eine maurische Ruine erinnert an diese Zeit. Ebenfalls auf dem Hügel Monte Ermita findet man die Wallfahrtskirche »Los Remedios« aus dem 16. Jahrhundert. Cartama lebt in erster Linie von den Erträgen des Zitrusfrüchte-Anbaus in der Umgebung. Außer mit dem Zug kann man Cartama auch regelmäßig mit dem Bus von Málaga aus erreichen. *Ausflug* *Maurische Ruine*

Anschließend folgt man der MA 402, und damit dem Guadalhorce, nach *Pizarra.* 7000 Einwohner hat der Ort, der erst im 15. Jahrhundert geschichtliche Erwähnung fand. Die dortige Kirche »San Pedro« stammt aus dem 19. Jahrhundert. Sehenswert sind außerdem das Rathaus und der Palast der Grafen von Puerto Hermoso. Im Hollander-Museum begibt man sich auf eine Reise durch die lokale Geschichte, beginnend mit der Steinzeit über Iberer, Römer, Westgoten und Mauren. Der Palast selbst stammt aus dem 16. Jahrhundert. Die etwas abseits liegende Wallfahrtskirche »Virgen de la Ruensanta« ist erst in Teilen ausgegraben. *Pizarra* *Sehenswürdigkeiten* *Museum*

Nur sechs Kilometer weiter, die Straße heißt jetzt C 337, stößt man auf *Alora.* Fast 200 Me- *Alora*

Geschichte

ter über dem Meer und 40 Kilometer von Málaga leben die 15 000 Bewohner in einer geschichtsträchtigen Stadt.

Bei den Römern war Alora eine Stadt von großer Bedeutung. Die Westgoten schufen eine Befestigungsanlage, von der zwei Türme die Zeiten überdauert haben. Die Burg ist arabischen Ursprungs und stammt aus dem 14. Jahrhundert.

Die engen Gassen der kleinen Stadt sind von kulturhistorischer Bedeutung und außerdem sehr malerisch. Der 559 m hohe Hacho überragt die landwirtschaftlich genutzte Umgebung von Alora, die Dank des Guadalhorce von Zitrusfrüchten bis zu Getreide alles wachsen läßt. Alora ist regelmäßig per Bus und Bahn mit der Provinzhauptstadt Málaga verbunden.

Verbindungen

Die MA 441 erstreckt sich über eine landschaftlich sehenswerte Strecke bis zur Schlucht El Chorro.

Der »Camino del Rey«, ein Fußweg, der etwa auf halber Höhe gelegen ist, führt weit in die Schlucht hinein. Von dort ist es auch nicht mehr weit bis nach *Bobastro,* einer mozarabischen Stadt, deren Ruinen unter Denkmalschutz stehen. Von dort oben hat man einen weiten Blick über den Embalse del Conde de Guadalhorce und den Embalse del Guadalteba-Guadalhorce. Das Gefälle zwischen den beiden Stauseen wird zur Gewinnung von Elektrizität genutzt.

Bobastro

Auf der Straße MA 44 gelangt der Ausflügler bald nach *Ardales* der kleine Ort ist eine iberiche Gründung; Funde aus der Gegend weisen außerdem bis in die Steinzeit zurück. Nur fünf Kilometer von Ardales entfernt sind auch die Höhlen »de la Calinoria« mit ihren eindrucksvollen Sälen einen Besuch wert.

Ardales

Bereits auf dem Weg zurück nach Alora passiert man den kleinen Ort *Carratraca.* Die heißen Quellen haben dem Dorf schon Mitte des letzten Jahrhunderts den Status eines Kurortes eingetragen. Neben dem Kurbad sind das neoarabische Rathaus und die alte Stierkampfarena sehenswert.

Carratraca

ELEKTRIZITÄT

In den meisten Häusern gibt es inzwischen 220 V Wechselstrom. Um kein Gerät zu ruinieren, sollte man sich vor Ort vergewissern. Schuko-Stecker sind in jedem Fall nicht die Norm. Den nötigen Adapter kann man von zuhause mitbringen oder aber auch vor Ort kaufen.

EL PUERTO DE SANTA MARIA

Cádiz

Neben Sanlucar de Barrameda und Jeréz de la Frontera hat El Puerto de Santa Maria als dritte Stadt das Recht, in ihren Bodegas *Sherry* reifen zu lassen. Osborne, die Marke mit dem schwarzen Stier, wird hier gelagert. Der Salzgehalt der Luft und sogar die Windrichtung sind für den besonderen Geschmack des hier reifenden Edelweines mitverantwortlich. Etwa fünf Jahre dauert es, bis sich der junge Sherry in Eichenfässern dem in jedem Faß verbleibenden Rest des fertigen Produkts angeglichen hat. Ist diese Reife erreicht, sollte der Sherry nicht mehr allzu lang gelagert werden.

Sherry

3100 Sonnenstunden im Jahr versüßen den 60 000 Bewohnern der Stadt das Leben. Diese vielen Sonnentage locken natürlich auch zahlreiche Besucher an. Der moderne *Jachthafen* ist auf alle Wassersportarten eingerichtet. Natürlich heißt er Puerto Sherry. Dem *Freizeithafen* ist ein eigener kleiner Stadtteil angegliedert, der ein sehr modernes Erscheinungsbild zeigt und als vollständiges Seglerdorf eingerichtet ist. Auch sonst ist Puerto de Santa Maria mit Tennisplätzen, Golfplätzen, Reitsportanlagen, öffentlichem Freibad und Sporthalle für den sportlichen Gast gerüstet. Der *»Aquasherry«*-Park vervollständigt das Freizeitprogramm. Drei Kilometer auf der N IV in Richtung Sierra San Cristobal ist diese Wasserwelt von Mai bis Ende September geöffnet. Wasserrutschen, Kinderbecken und gastronomische Einrichtungen konkurrieren stark mit den nahen

Häfen

»Aquasherry«-Park

Bild oben:
Im Hafen

Strände

Stränden und sind auf jeden Fall sehenswert. Diese Sandstrände sind auch im Sommer, wegen des Windes, selten zu heiß. Während der Saison sind die *Badestrände* Levante, Valdegrana, Vista Hermosa und La Puntilla sehr gut besucht. Am Strand von Valdegrana befindet sich auch, in einem schattigen Pinienwald gelegen, das beste Hotel der Stadt. Im »Melia Caballo Blanco« wird der Aufenthalt mit nachts beleuchtetem Pool, Golf und Tennis zum Erlebnis. Auch an den Stränden ist das Angebot an Restaurants und Cafés außerordentlich reichhaltig.

Angeln

Für Angler lohnt auch ein Besuch des Fischereihafens. Noch heute leben etwa tausend Familien von Puerto de Santa Maria von der Fischerei. Diese Tradition schlägt sich in hervorragenden Fischrestaurants nieder. In der Alten Fischbörse an der Bajada Castillo ißt man stilvoll in der Nachbarschaft desjenigen Hauses, in dem schon Kolumbus von seinem Abenteuer einer Indienreise träumte, die dann zur Entdekkung von Amerika führte.

Frischer Fisch

Fritierten Fisch bekommt man an zahlreichen Ständen und in speziellen Geschäften. Auch die protugiesische Küche hat hier deutlichen Einfluß genommen. In diesem Zusammenhang ist auch ein Besuch der Fischbörse auf dem linken Ufer des Guadalete zu empfehlen. Mit Erlaubnis des Pförtners kann man dort von 6.00 bis 16.00 Uhr dem Verkauf von teilweise imposanten Fischen zusehen. Eine weitere Besonderheit am Fluß stammt aus der Zeit, als Puerto de Santa Maria der Festlandhafen von → Cádiz war. Eher aus Tradition und des Vergnügens wegen existiert noch heute eine tägliche Fährverbindung in die Provinzhauptstadt. In 45 Minuten Fahrzeit genießt man das Panorama der Bucht von Cádiz. Ganz in der Nähe dieses »Vapor a Cádiz« befindet sich die Touristeninformation. Weitere Info-Büros findet man im Sommer am Strand Valdegrana und im Bahnhof. Von dort hat man ständig Verbindung mit Jeréz, Sevilla und Cádiz. Auch Madrid wird von Jeréz aus direkt angefahren. Per Bus ist man neben der Costa de la Luz und Costa del Sol sogar mit Barcelona verbunden. Der Binnenflughafen bei Jeréz liegt nur 20 Autominuten von der Stadt.

Erlaubnis

Fähre

Information

Verbindungen

Nachts ist Puerto de Santa Maria alles andere als provinziell. Der Disco-Palast »Joy« gehört zu den größten Lokalen dieser Art in Spanien. Das Casino Bahia Cádiz, fünf Kilometer außerhalb, ist das einzige im Westen Andalusiens. Der Spielsaal ist bis fünf Uhr morgens geöffnet. Kino, Discothek und Festsaal lassen auch nach dem Spielen keine Langeweile aufkommen. Außerdem hat in El Puerto der Flamenco eine lange Tradition. Die Aufführungen im »Tomas El Nitri« und im »El Chumi« sind auch wegen der alten Räumlichkeiten besonders sehenswert. Selbstredend gibt es auch eine traditionsreiche Stierkampfarena.

Nachtleben

Camper können auf dem Platz »Playa las Dunas« unter Pinien eine der modernsten und vollständigsten Anlagen der Gegend nutzen. Sehr zentral liegt der Campingplatz direkt am Strand »La Puntilla«. Preiswerte Pensionen findet man auf der C/Ganado. Von El Puerto de Santa Maria aus bieten sich Ausflüge an die → Costa de la Luz, nach → Cádiz und nach → Jeréz de la Frontera an. Auch das etwa 100 km enfernte → Sevilla muß man gesehen haben.

Camping

Pensionen

Ausflüge

ESSEN

Regional verschieden

Was in welcher Region wann auf den Tisch kommt, bestimmt natürlich das Angebot auf dem örtlichen Markt. Selbstverständlich sind die Küstenregionen mit frischem Fisch und Meerestieren reich gesegnet. Dort hat sich aber auch, in Anpassung an die Gäste, eine Art internationale Küche, vielfach mit deutschem Einschlag, zu der lokalen Küche gesellt.

Jaén

In der *Provinz Jaén* gehört das Olivenöl zu den Grundnahrungsmitteln. In vielen Restaurants wird ausschließlich mit dem äußerst schmackhaften und nahrhaften Öl gekocht und fritiert. Gemüse und örtliches Niederwild verbreitern die Palette des kulinarischen Angebots. Spezialitäten sind Kalbskopf und Lammbraten.

An den Küsten unterscheiden sich die Gerichte je nachdem, was dem Fischer ins Netz geht.

Málaga

Daher werden in der *Provinz Málaga* Sardinenspieße, die hier »Estepones« oder »Moragas« heißen, und die sogenannte »Fritura malaguena«, ein Gemisch der häufigsten Fische, angeboten.

Küste

An der *Costa de la Luz* dagegen sind Schell- und Thunfischgerichte am häufigsten. In *Cádiz* bieten einige »Marisquerias«, also Fischrestaurants, hauptsächlich fritierten Fisch an. Unter den Fischsuppen sollte die schmackhafte »Sopa de Rape« Erwähnung finden.

Costa del Sol

Groß ist an der subtropischen *Costa del Sol* natürlich das Angebot jeder Art von Gemüse und Obst. An der Küste und auch im Hinterland ergänzen Esel und Ziege den Speiseplan. In allen Provinzen gibt es die »Gazpacho«, eine würzige Gemüsesuppe, die kalt gegessen wird, sowie Tortillas, also Omeletts, und die berühmte Paella, ein hervorragendes Gericht aus Meeresfrüchten und Reis. Auch die Getränke (→ Trinken) spielen eine große Rolle und sind von Region zu Region verschieden.

Frühstück

Frühstück ist so gut wie unbekannt in Spanien. Man trinkt einen Kaffee oder eine heiße Milch, die immer mit Zucker serviert wird. Dazu gibt es meist »churros«, also fritiertes Gebäck oder Teigwaren wie »suizos« mit Butter oder »man-

Bild oben: Paellakochen am Strand

teca«, das ist mit Paprika angemachtes Schweineschmalz.

Essenszeit

Das Mittagessen beginnt gegen 14.00 Uhr und zieht sich bis weit in den Nachmittag. Abends wird nicht vor 21.00 Uhr essen gegangen. Diese Nachtessen dauern dann bis gegen Mitternacht.

Zahlen

Es ist möglichst zu vermeiden, in Restaurants getrennte Rechnungen zu verlangen.

ESTEPONA

Málaga

Estepona gilt als der erste Ort der Costa del Sol am westlichen Ende. Trotz ihrer herrlichen Strände ist die Stadt durchaus noch nicht ausschließlich ein Badeort. Industrie und Fischfang sind wichtige Stützen der regionalen Wirtschaft. Geradezu sinnbildlich liegen Jacht- und Fischereihafen zusammen.

Stadtkern

Der alte Stadtkern der römischen Siedlung Estepona hat noch ein arabisches Gesicht. Reste der arabischen Festungen untermauern diesen Eindruck.

Uferprodenade

Die großzügige Uferpromenade lädt geradezu zum Bummeln oder Verweilen ein. Dort findet man auch das Turismo-Büro. Die schattenspendenden Grünanlagen verraten etwas von dem hier herrschenden subtropischen Klima.

Bild oben: Strand von Estepona

Allein der Hafen bietet mit Wasserski, Tauchen, Bootsverleih und Fischerei schon fast alles, was das Herz begehrt. Ganz zu zu schweigen von den gepflegten Stadtstränden »La Rada« und »El Cristo«. 21 km Strand werden zu Estepona gerechnet, davon befinden sich 4 km in der Stadt. Das Fischerdenkmal auf der

Fischerviertel

Uferpromenade leitet über zum Fischerviertel um den betriebsamen Fischmarkt herum. Wo sonst bekäme man frischeren Fisch, als in den umliegenden Restaurants. An der geschäftigen Avda de Espana liegen einige komfortable Mit-

Unterkunft

telklasse-Hotels. Man sollte Zimmer zum Hof hin nehmen. Auch einige gute Restaurants liegen an der Straße. Die Spitzenhotels und Campingplätze liegen an der Ctra de Cádiz. Auf dieser Straße sind es 40 km nach → Gibraltar und auf der anderen Seite 84 km nach Málaga. In der C/Real, unweit der Promenade, findet man die einfacheren Herbergen. Ganz in der Nähe,

FKK

westlich von Estepona, liegt die FKK-Anlage »Costa Natura«. Die Restaurants, Appartements, Pool und Geschäfte erinnern vage an ein eigenes Dorf. In Estepona weiß man auch zu feiern. In der ersten Juliwoche findet ein Volksfest mit Feuerwerk, Konzerten und Sportveranstaltungen statt. Ruderregatten sind auch Teil der Wasserprozession zu Ehren der Virgen del Carmen am 16. Juli. Pferde, ob im Gespann oder einzeln, stehen im Mittelpunkt der Feiern zu San Isidro am 15. Mai.

Feste

FÄHREN

Durch regelmäßige Fährverbindungen ist man vom andalusischen Festland mit den spanischen Inseln, dem afrikanischen Kontinent und Italien verbunden. Von Almería aus gehen Schiffe nach Palma und von dort weiter nach Genua. Außerdem kann man die spanische Enklave Melilla in Marokko erreichen. Auch von Málaga kommt man dorthin. Zusätzlich wird Ibiza angefahren. Die Route nach Palma und Genua wird auch von hier aus bedient. Algeciras ist der traditionelle Abfahrtshafen nach → Ceuta, der zweiten spanischen Besitzung in Marokko. Von Cádiz kommt man nach Tanger in Marokko und auf die Kanarischen Inseln. Von Tarifa erreicht man das gegenüberliegende Tanger. Sämtliche Abfahrtszeiten stehen in einem von der Firma Thomas Cook herausgegebenen Buch.

In alle Richtungen

Mellila

Ibiza

Palma

Tanger

FAHRRAD

Um durch den dichten Autoverkehr spanischer Städte zu gelangen, ist das Fahrrad das schnellste Verkehrsmittel. Als Radfahrer darf man fast alles. Vergehen wie vor Ampeln ganze Autoschlangen in Slalommanier zu überholen und ohne Halt über rote Fußgängerampeln zu fahren werden von der Polizei, wenn überhaupt, nur mit einem bösen Blick bestraft. Wahrscheinlich ahnen die Verkehrspolizisten wie schwer es fällt, hinter einem Bus oder LKW

»Schnellstes« Verkehrsmittel

In der Stadt

herzufahren und die Abgase einzuatmen. In der Tat ist der Grad der Luftverschmutzung, besonders zur Sommerzeit im Landesinnern, das größte Handicap des Radfahrers. Die Autofahrer jedenfalls nehmen viel Rücksicht auf Radler. Sie scheinen fast schon Narrenfreiheit zu genießen.

Rücksicht

Das gilt besonders auch für das Fahren auf Landstraßen. LKW bleiben so lange hinter einem Radfahrer, bis kein Gegenverkehr mehr kommt und zeigen dann das Überholen mit kurzem Hupen an. Zudem begegnet man dem Radfahrer auf Landstraßen mit Umsicht und Respekt. Spanien ist ein rennsportverrücktes Land. Als Pedro Delgado die Tour de France gewann, hielt selbst die erwiesene Tatsache, daß er gedopt war, die Nation nicht davon ab, ein Volksfest zu seinen Ehren zu veranstalten. Da es in Spanien noch wenige Autobahnen gibt, rollt auch der Schwerlastverkehr über die Landstraßen. Daher sind die Hauptverbindungen zwischen großen Städten meist nicht das reine Vergnügen. Da Spanien ein bergiges Land ist, braucht man schon ein 10-Gang-Rad, um voran zu kommen. Diese Räder sind leicht genug, im Flugzeug ohne Aufpreis mitgenommen zu werden. Das Vorderrad sollte allerdings abgebaut und an das Hinterrad gehängt werden. Außerdem müssen scharfe Kanten vermieden werden. Fahrradtaschen für den Versand von Rädern sind teuer. Plastikfolie tut es auch. Die Luft muß während des Fluges aus den Reifen gelassen werden, da diese sonst platzen.

Landstraßen

Nationalsport

Bergiges Land

Transport

In Spanien ist es ratsam, den Drahtesel, wenn irgend möglich, mit in die Bar oder ins Hotel zu nehmen. In den meisten Hotels und Gaststätten geht das ohne Probleme. Auch der Service für das Rad ist unterwegs kein Problem, da die meisten Spanier Fahrrad-Spezialisten zu sein scheinen. Zum Schmieren der Kette braucht man sich oft nicht einmal die Hände schmutzig zu machen. Viele Mechaniker lassen es sich nicht nehmen, die beweglichen Teile mit Sachverstand und Hingabe zu schmieren. Beson-

Diebstahlssicherung

Reparaturen

ders mit älteren Spaniern gerät man oft ins Fachsimpeln über das Radfahren.

Wenig befahrene Nebenstraßen sind die reine Freude für einen geübten Radler. Für längere Touren genügt die Michelinkarte. Die dort als schlechte Wegstrecken markierten Straßen sind tatsächlich in so schlechtem Zustand, daß man sie mit dem Rad meiden sollte. Höhenmeter sind ausreichend angegeben.

Nebenstraßen

FLAMENCO

Über die Frage, woher das Wort Flamenco kommt, haben sich die Experten seit 200 Jahren gestritten. Erst Ende des 18. Jahrhunderts wurde der Flamenco aus dem Dunkel seiner Geschichte gerissen. Zigeuner hatten ihn aus Nordafrika oder aus Flandern, wie andere sagen, nach Spanien gebracht.

Bild unten: Flamenco-Tänzerinnen

Zur Costa del Sol, die ja ein Teil Andalusiens ist, gehören Flamenco und Gitanos, die Zigeuner. Als von den Mongolen aus Indien Vertriebene, kamen sie im 15. Jahrhundert nach Spanien. Sie hatten ihre Musik und ihre Tänze mitgebracht. Unter Einbeziehung arabischer Stilelemente entwickelte sich die für Andalusien und die Zigeuner so typische Musik, der Flamenco. Ob das Wort, das im Spanischen »flämisch« bedeutet, tatsächlich davon abgeleitet wird, daß die Kastilier abwertend alles Laute und Rauhe als »flamenco« bezeichneten, ist nicht eindeutig. Flamencos waren in den Augen der vornehmen Kastilier die grobschlächtigen Höflinge des aus Flandern nach Spanien gekommenen Carlos V. Eine andere Deutung leitet das Wort Flamenco vom arabischen »felag mengu«, das heißt »flüchtender Bauer«, ab. Wie auch immer. In den Tavernenhöhlen auf dem Sacromonte singen die Zigeuner aus heiseren Kehlen ihre Lieder, die von Liebe und Leidenschaft erzählen. Dazu klingen die Flamenco-Gitarren, klappern die Kastagnetten und die Umstehenden klatschen den wilden Rhythmus mit. Und bei besonders gelungenen Tanzfiguren tönt es aus vielen Kehlen: »Olé!« Selbst dieser Ausruf stammt von den Mauren – aus Allah wurde olé!

Faszination Dem Nichtspanier wird sich die Faszination des Flamenco wahrscheinlich nie richtig erschließen. Was dem Touristen heute vielfach angeboten wird, ist eine Mischung aus Samba, Paso Doble und Elementen der »cantos chicos«, dem eher fröhlichen Aspekt des Flamenco. Erst beim Besuch einer wirklichen Flamencoaufführung wird dem Betrachter etwas kla-
Schauspiel rer, daß dieses Schauspiel mit dem unendlichen Leid und den Verfolgungen zu tun hat, dem ihre Schöpfer, die Zigeuner, ausgesetzt waren. Das vom »cantador«, also dem Sänger, immer wieder herausgestoßene »ay« beinhaltet viel Schmerz und wird oft mit einem verständigen Echo aus dem Publikum begleitet. Eine
Besetzung Flamencotruppe umfaßt den bereits erwähnten Sänger, die »bailadores«, also Tänzer und Tänzerinnen und die »tocadores« mit den Gitarren.
Kleidung Die Kleidung ist, im Gegensatz zu den Aufführungen für unkundige Besucher, meist schlicht. Daß eine Tänzerin wie Nina Corti einen Teil des Programms in Jeans tanzt, geht einigen Künstlern und Kennern allerdings doch zu weit. Vor einigen Jahren entwickelte sich

der Flamenco dann zur reinen Touristenshow. Heute wächst der Nachwuchs an den Schulen Andalusiens ständig und Flamenco wird wieder als Kunst- und Ausdrucksform ernst genommen.

Nachwuchs

Viele ausländische Gitarristen verbringen große Teile des Jahres in Sevilla oder Granada, um dort Flamenco spielen zu lernen. Auch für eine Ausbildung im perfekten Flamenco-Tanz muß man in Zeiträumen von mehreren Jahren rechnen.

FILMSTADT

Almería

Die Landschaft nördlich von Almería gilt als die einzige Landwüste Europas. Namentlich die *Sierra de Alhamilla* (→ Cabo de Gata) ist eine wilde Einöde. Auch wenn man noch nie in der Gegend war, ist es sehr wahrscheinlich, daß man sie schon im Kino gesehen hat. In dieser Wüstenei erschoß schon in den 60er Jahren »Django« alles, was sich bewegte. Hier bestand »Indiana Jones« einige seiner haarsträubenden Abenteuer und auch der große »Laurence von Arabien« beehrte die Gegend mit

Bild unten: Filmstadt

Studios

Westernstadt

seiner Anwesenheit. Dort, wo die C 3326 in Richtung Granada von der N 340 abzweigt, sind Studios und Kulissen entstanden, die man heute gegen Eintritt besichtigen kann. Es wird eine richtige Western-Show geboten und Restaurants und Bars gibt es dort auch. Um den Ort Tabernas herum kann man wie einst Cary Grant um zwölf Uhr mittags auf der staubigen Straße einer verlassen *Westernstadt* stehen. Verschonen sollte man die armen Pferde, die es hier zu mieten gibt, und auch von der Benutzung des Galgens ist abzusehen.

FKK

Costa del Sol

Costa del Almería

»Naturismo«

Das durch und durch katholische Spanien gehört nicht zu den Ländern, die den Nackten Tür und Tor geöffnet haben. An der Costa del Sol jedoch können Frauen inzwischen durchaus »oben ohne« sonnenbaden. Dort hat man sich daran gewöhnt. Die meisten FKK-Anlagen findet man an der Costa de Almería. An der Costa de la Luz sind die Strände oft so weit von den Städten entfernt, daß niemand Anstoß nehmen wird. Allgemein kann man nur zur Rücksicht auf das noch etwas prüde Spanien raten. In den nächsten Jahren, mit zunehmender Annäherung an Europa und gleichzeitiger Abkehr von der → Kirche, wird sich die FKK-Situation vermutlich ändern. Vorerst sollte man noch einsamere Buchten aufsuchen. FKK-Gelände sind mit »Naturismo«-Hinweisschildern ausgezeichnet.

FUENGIROLA

Málaga

Verbindungen

Der Badeort Fuengirola liegt fast genau in der Mitte zwischen → Marbella und Málaga, jeweils etwa 28 km von den Städten enfernt. Die Verkehrsverbindungen zu beiden Orten sind, sowohl mit dem Bus, als auch mit der Bahn, hervorragend. Mehr als eine halbe Stunde braucht man auf keines von beiden zu warten.

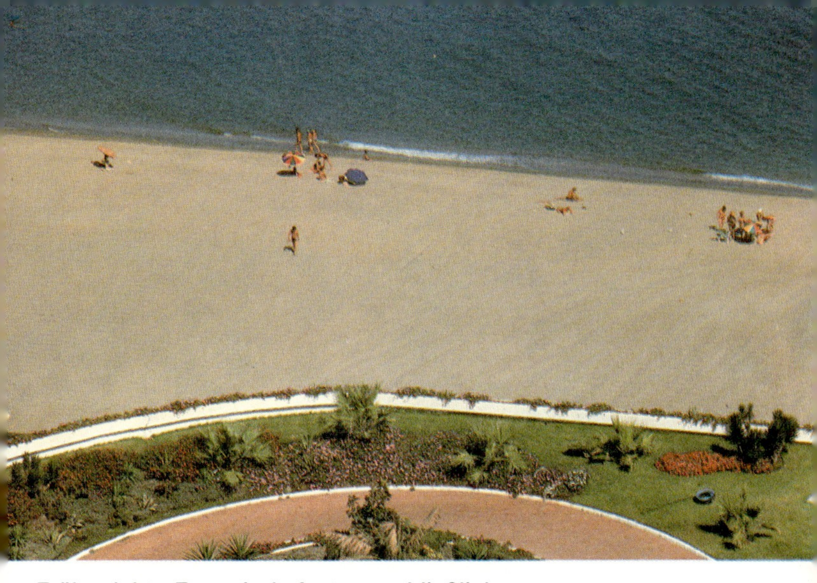

Früher lebte Fuengirola fast ausschließlich von der Landwirtschaft. Auch heute wächst in dem fruchtbaren Tal noch Zuckerrohr. Pflanzen und Bewohner sind durch die Sierra de Mijas vor kalten Winden geschützt. Die Römer haben hier in ihrer Gründung »Suel« *Thermalbäder* aus dem ersten und zweiten Jahrhundert sowie ein Marmorportal in Torreblanca del Sol hinterlassen. Die Mauren bauten die *Burg* »Sohail«, die Karl V. nach deren Zerstörung neu errichten ließ. Fuengirola bietet viel *Strand,* aber nicht nur das. Der *Zoo* ist bei Erwachsenen und Kindern gleichermaßen beliebt, zumal er über einen Kinderspielplatz verfügt. Der alte Teil von Fuengirola mit seiner attraktiven Fußgängerzone macht noch einen arabischen Eindruck. Je näher man der Küste kommt, desto urbaner und moderner werden die Häuser.

Bild oben: Fuengirola

Thermalbäder

Burg

Zoo

Mittelpunkt des touristischen Lebens sind die über sechs Kilometer langen Strände. Natürlich werden hier, wie auch im *Jachthafen*, sämtliche Wassersportarten angeboten. Am Strand gibt es außerdem einen Fußballplatz, ein Basketballfeld und eine Sporthalle mit Laufbahn. Zwei *Golfplätze* bieten im Juli und August auch Kurse für Urlauber an. Wem Fuengirola zu stark bewegt ist, kann in den kleinen Ort *Santa Fe de los Bolisches* ausweichen.

Hafen

Golf

Unterkunft

Feste

Dort ist das Leben in alten Gemäuern und andalusischer Landschaft noch beschaulicher. Unterkünfte, sollte man meinen, gibt es genug. Trotzdem sind in der Hauptsaison auch die Vier-Sterne-Hotels am Paseo Maritimo immer ausgebucht. Einige kleinere Hotels liegen an der Avada de los Boliches. Im August veranstaltet Fuengirola ein Volksfest für die Besucher. Im September findet ein Fest des Volkstanzes statt und aus Anlaß der Fiesta Patraonal del Rosario im November veranstaltet man hier Stierkämpfe und Wallfahrten.

GELD

Automaten

Post

Kreditkarten

Wechseln

Südspanien, und dort besonders die Costa del Sol, ist flächendeckend mit EC-Automaten bestückt. Man kann auch über das Postsparbuch Geld abholen. Ein Betrag von höchstens 2000,– DM ist bei der Caja Postal pro Monat zu bekommen. Auch telegrafische Anweisungen klappen reibungslos. In Boutiquen, Hotels und Restaurants werden die gängigen Kreditkarten seit langem akzeptiert.
Wechselstuben finden Sie auf Bahnhöfen größerer Städte, sie sind auch an Wochenenden geöffnet. Auch ansonsten gibt es viele Wechselstuben. Auch Hotels und Restaurants wechseln meist.

GESCHICHTE

6. Jahrhundert

Die Geschichte des spanischen Südens wurde vor allem durch seine langen Mittelmeerküsten und seine Nähe zu Afrika bestimmt. Von dort kamen die Iberer ins Land, die sich später mit den Kelten aus dem Norden mischten. In den Punischen Kriegen eroberte Rom die Halbinsel und wurde erst 600 Jahre n. Chr. von den Westgoten vertrieben. Diese wiederum hatten nicht viel mehr als hundert Jahre Freude an ihrer Eroberung. Da sie bei der Bevölkerung nicht gerade beliebt waren, fiel die Besetzung durch die maurischen Reiterheere Anfang des 8. Jahrhunderts mancherorts wie eine Befreiung aus, zumal die Lebensbedingungen verbessert wurden. Eine ausgeklügelte Bewässerungstechnik und Landbesitz für Kleinbauern machten das Leben auf dem Lande erträglich. In den Städten setzten sich zunehmend zivile Bauvorhaben gegen militärische durch. Die beliebten Besetzer vergaßen in der Idylle die Tatsache, daß im Norden Spaniens schon bald die Rückeroberung durch die katholischen Heere begann. Während sich dort die Königreiche zwangsvereinigten, zerfiel der maurische Staat in zwar mächtige, aber dem vereinten Ansturm nicht gewachsene Emirate.

Mauren

Rückeroberung

Eine Liebesaffäre, so heißt es, sei die eigentliche Ursache für den Fall Granadas und den Niedergang der Maurenherrschaft in Spanien gewesen. Die Legende berichtet, daß Muley Hassan (1462–1485) als König in der Alhambra thronte. Eines Tages verliebte sich Hassan in die bildschöne Christin Zoraya. Ihretwegen wollte der König seine Gemahlin Ayesha, die Mutter seines Sohnes Boabdil, verlassen. Gekränkter Stolz und rasende Eifersucht veranlaßten Ayesha, mit Boabdil die Stadt zu verlassen. Doch ein mit Zorayas Familie befreundetes Heer zwang die beiden zur Rückkehr. Aus Rache ließ darauf Ayesha ihren Mann vom Thron stürzen. Nur wenig später wurde das geschwächte Königreich Granada zur leichten Beute der Katholischen Könige aus dem Hause Aragon-Kastilien. ...

Als sich schließlich Kastilien und Aragon vereinen, fallen ihnen im 13. Jahrhundert fast alle südspanischen Städte und Provinzen in die Hände. Nur das Königreich Granada blieb noch weitere 250 Jahre in maurischer Hand. 1492 war das blutige Handwerk der Rückeroberung endgültig abgeschlossen. Intoleranz und fanatische Religiosität ließen das Land wirtschaftlich und geistig verarmen. Mauren und Juden wurden verfolgt, vertrieben oder getötet. Allein die Eroberungen Spaniens auf dem amerikanischen Kontinent konnte den Staatsbankrott verhindern. Karl V. regierte im 16. Jahrhundert von Cordoba aus ein Reich, in dem die Sonne nicht unterging. Aber nur durch die radi-

Weltreich

kale Ausplünderung des neuen Kontinents waren Kriege, Paläste und gewaltige Kirchen zu bezahlen. Als sich die Kolonien nach und nach von Spanien lösten, begann dort ein weiterer Niedergang, der im Grunde bis in unser Jahrhundert hineinreicht. In der Zeit der Besetzung Europas durch napoleonische Truppen blieb allein der äußerste Süden unbesetzt. In Cádiz wurde daher die erste demokratische Verfassung des Landes ausgearbeitet. Später sollte sie nur für kurze Dauer in Kraft treten, da die folgenden Bourbonenkönige sich nicht an vereinbarte Verträge hielten. Die eigentliche Macht im Lande ist und bleibt die katholische Kirche. Erst nach dem Tode Francos wurde die Religionsfreiheit gewährt. Die letzten 40 Jahre davor regierte, als Folge des Bürgerkriegs in den 30er Jahren, General Franco das Land mit eiserner Hand. Er isolierte Spanien noch stärker von Europa. Erst in jüngster Vergangenheit beginnt Spanien, in großen Schritten, mit der Annäherung an den Kontinent. Seit 1982 regiert Felipe Gonzales von den Sozialisten das Land eher gemäßigt sozialdemokratisch. Seit 1985 ist Spanien Mitglied der EG und nach einem Volksreferendum auch der Nato. Der Bourbonenkönig Juan Carlos genießt hohes Ansehen, da er sich in der Zeit nach Franco in kritischen Situationen mehrfach eindeutig auf die Seite der Demokratie geschlagen hat.

Weiterer Niedergang

20. Jahrhundert

GESUNDHEIT

Vor Antritt der Reise ist es ratsam, sich einen Krankenschein für das Urlaubsgebiet ausstellen zu lassen. Vor Ort wollen dann die meisten Ärzte allerdings lieber Bares. Die ärztliche Infrastruktur ist in Spanien sehr gut. An den Küsten gibt es überall deutsch sprechende Mediziner. Die Zahnärzte genießen allerdings nicht den besten Ruf, da sie in Spanien nur das Ziehen von Zähnen ersetzt bekommen.
Automobilclubs bieten Zusatzversicherungen für die Rückholung an.

Urlaubskrankenschein

Küsten

Zahlungsunfähige Verletzte bekommen eine freie Erstversorgung. An Medikamenten gibt es in Spanien so ungefähr alles, was es in der Bundesrepublik Deutschland auch gibt. Nur heißen die Produkte dort anders. Man sollte aber auf jeden Fall eine Reiseapotheke von zuhause mitbringen, in der sich besonders die ständig benötigten Medikamente befinden.

Verletzte

Reiseaphotheke

GIBRALTAR

Bis in die letzten Jahre hinein reichte die aus alten Kolonialtagen herrührende Animosität zwischen Spanien und England. Das lag und liegt an Gibraltar, der britischen Enklave an der Südspitze Spaniens. Seit dem frühen 18. Jahrhundert sitzen die Engländer auf diesem strategisch wichtigen Felsen, dem afrikanischen Kontinent gegenüber und kontrollieren den

Cádiz

Bild unten: Gibraltar

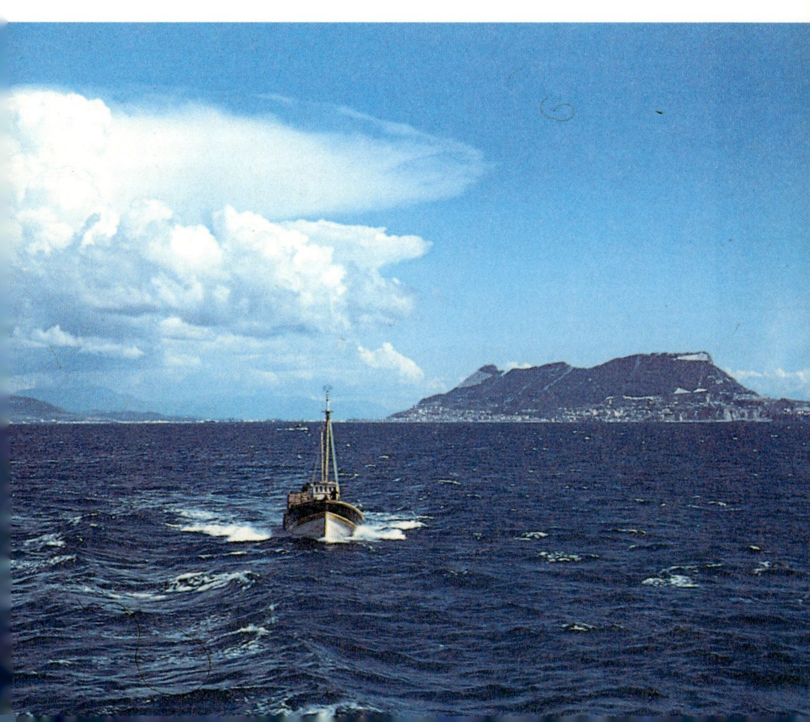

Besuch

Zugang zum Mittelmeer. Nach der letzten Krise zwischen England und Spanien war Gibraltar mal wieder geschlossen. Im Moment kann es wieder besucht werden. Und die Besucher strömen in Massen. Zum einen gibt es hier zollfreie Waren, zum andern kann man die letzten freilebenden Affen Europas hier füttern.

Affen

Bunte, lärmende Einkaufsstraßen, internationale Restaurants, Casino, Discos, Hotels, Strände, ein Museum und Info-Büros gleich an der Grenze. Alles ist dort vorhanden, wobei anzumerken ist, daß die Preise hier wesentlich höher liegen als im übrigen Spanien. Für mehr als einen Tag Besichtigungsprogramm ist Gibraltar also nicht zu empfehlen.

Auf einem Hügel über dem Badeort Almunecar an der Costa del Sol erheben sich die Reste eines uralten Festungsturms. Einst gehörte er zu einer gewaltigen Burg, die Carlos V. erbauen ließ. Das Bollwerk schützte den ganzen Küstenstrich gegen arabische Piraten, die Jahr um Jahr vom nahen Tunis mit ihren Segelschiffen herüberkamen, um auf dem Festland reiche Beute zu machen. Die Seeräuber unter ihrem gefürchteten Anführer Chaireddin, einem wilden Burschen mit bärtigem Gesicht, hatten es besonders auf Christen abgesehen, die sie gefangennahmen und mit gutem Gewinn als Sklaven verkauften. Ein Witz der Geschichte: Abnehmer der Gefangenen waren oft brave Mönche des Redemptistenordens, deren Aufgabe es war, Christen aus der Hand der heidnischen Barbaren freizukaufen! Viele Jahre später – zur Zeit der Befreiungskriege Spaniens von der Franzosenherrschaft – kamen die verbündeten Engländer unter Lord Wellington und zerstörten die Burg. Angeblich, weil es hier ja nun nichts mehr zu schützen gab – in Wahrheit jedoch, weil die Briten es nicht sonderlich mochten, daß in Nähe ihres Besitzes Gibraltar eine spanische Burg lag. ...

GRANADA

Granada, Hauptstadt der gleichnamigen Provinz, hat rund 200 000 Einwohner. Man nimmt an, daß Granada aus einer ibero-römischen Siedlung entstanden ist. Bis zum Beginn des 13. Jahrhunderts war der Ort an den Ausläufern der Sierra Nevada, am Ufer des Rio Genil

Geschichte

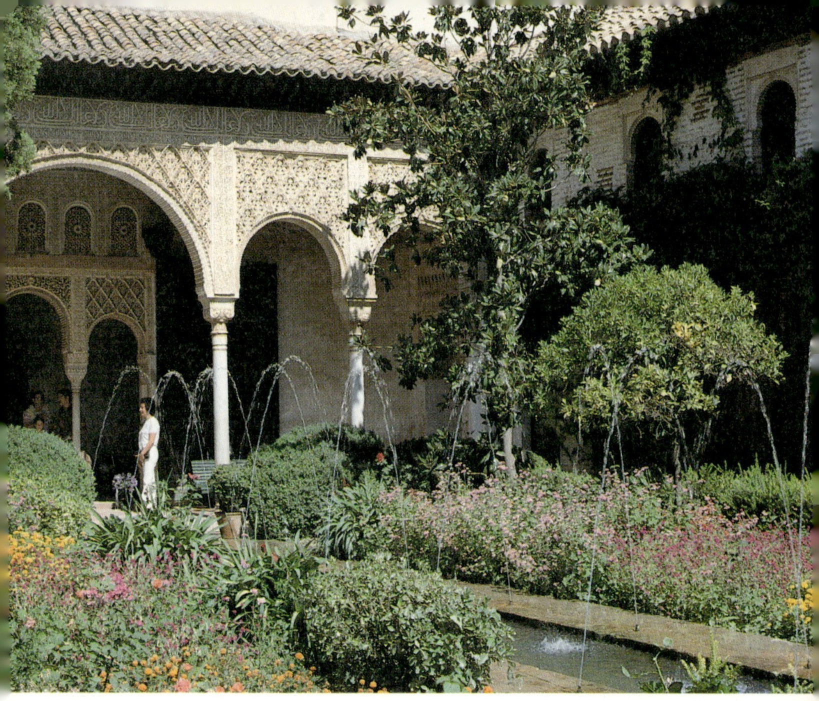

und am Rand der fruchtbaren Vega-Ebene gelegen, ziemlich unbedeutend. Erst unter den Mauren, die von 1241 bis 1492 hier herrschten, erblühten die Stadt und das Königreich, das etwa dem Gebiet der heutigen spanischen Provinzen Granada, Málaga und Almería entsprach. Aus dem arabischen Stadtnamen Gharnatah (Hügel der Fremden) wurde, so wird gesagt, das spanische Granada. Eine andere Herkunft wird von den noch heute hier angebauten Granatäpfeln abgeleitet.

Bild oben: Patio

Herkunft des Namens

Die Mauren, die zunächst das fremde Gebiet mit Feuer und Schwert erobert hatten, brachten die ganze Region, vor allem aber auch ihre Hauptstadt, während der rund 250 Jahre ihrer Herrschaft zu größter Blüte. Ihre Emire und Kalifen holten die besten Baumeister, die gelehrtesten Wissenschaftler und die hervorragendsten Künstler der damaligen Zeit ins Land. Es müssen wahre Meister gewesen sein, die ihre Erfahrungen aus arabischen Ländern auf dem Gebiet des Wasserbaus in diese Region über-

Hochblüte

Architektur

Wasserbau

trugen. Sorgsam berechnete Kanäle und Berieselungsanlagen verteilten das kostbare Naß nach gerechten Plänen auf die einzelnen Felder.

Gelehrte

Arabische Gelehrte kamen ins Land und schrieben ihr ganzes Wissen aus damaliger Sicht in unzähligen Büchern nieder. Aber die maurischen Kalifen waren so weise, auch nicht die Intelligenz gelehrter Juden zu verschmähen, so daß sich eine Kombination aus islamischem und mosaischem Geistesleben entwickeln konnte. Und Kalligraphen hielten in wunderschöner Schönschrift fest, was für die Welt jener Tage von Bedeutung war. Kunsthandwerker – Ledermacher, Weber, Silber- und Goldschmiede, aber auch Töpfer und Fayencenmanufakteure lieferten echte Meisterwerke als Proben ihres Könnens. Noch heute sind die Nachfahren dieser Moriscos – so hießen die seßhaft gewordenen Mauren – begabte Kunsthandwerker, deren Läden und Schaufenster den Touristen vor allem in Granadas Altstadt zum Kaufen reizen. Mit dem Sieg des Hauses Aragon-Kastilien über die Mauren ging es mit Stadt und Provinz zunächst bergab. Aus Unvernunft, aber auch aus religiösem Eifer, gingen die Christen mit dem maurischen Erbe verantwortungslos um. So wurden vielfach die wichtigen Bewässerungsanlagen zerstört. Die Folge war, daß die zuvor so fruchtbare Landschaft aus Wassermangel keine ertragreichen Ernten mehr hervorbrachte. Aus Rachdurst wurden auch zahlreiche der herrlichen Baudenkmäler der Mauren von den christlichen Nachfolgern zerstört. Auf Befehl des Kardinals Ximenes wurden u. a. im Jahr 1499 – also nur ganze sieben Jahre nach der Unterwerfung Granadas – rund 80 000 kostbare arabische Bücher öffentlich verbrannt. Nicht genug damit, dieser Kardinal untersagte auch das Sprechen der arabischen Sprache, die er als »Sprache einer ketzerischen und verachtenswerten Rasse« bezeichnete.

Kunsthandwerk

Niedergang

Napoleon

Von 1808 bis 1812 beherrschten Napoleons Truppen Granada. Sie sprengten willkürlich viele der Wehrtürme oder ließen etliche der herrlichen Paläste verkommen, die sie als Kasernen benutzten. Selbstverständlich raubten die Franzosen auch alles, was ihnen mitnehmenswert erschien. Erst im Jahr 1870 wurde Granada mit dem Rest seiner Kunstschätze zum Nationaldenkmal erklärt.

Kunstraub

Man schreibt den 1. Januar 1492. Nacht liegt über Granada, der letzten maurischen Bastion auf spanischem Boden. In der Sala de la Barca, einer prächtig geschmückten Vorhalle seiner Festung Alhambra, steht der Kalif Boabdil und weint bitterlich. Als Besiegter steht der Maure vor den Anführern der christlichen Heere der Könige von Aragon-Kastilien. Nach der Kapitulation verläßt Boabdil mit kleinem Gefolge seine Burg durch ein Tor am Torre de los Siete Suelos, das seitdem verschlossen blieb. So berichtet die Legende vom Ende der 800jährigen Herrschaft der Mauren, die einst von Afrika herübergekommen waren.
Das Tor am Torre de los Siete Suelos ist bis heute verschlossen. Und so soll es auch bleiben, bis zu einem Tag in ungewisser Ferne. Denn die Legende besagt, daß König Boabdil dereinst wiederkehren wird. Mit einem riesigen Heer, so heißt es, wartet er unter den Mauern der Stadt, bis er von seinem Zauberbann erlöst wird.

Mahnung

Jedes Jahr, vom 1. Januar bis zum Abend des 2. Januars, läuten noch heute die Glocken vom Vela-Turm zur Erinnerung an dieses Ereignis. Dieser Dia de la Toma – der Tag der Stadteinnahme – wird mit großen zivilen und militärischen Paraden festlich begangen.

Alhambra

Aber wer heutzutage Granada sagt, der meint in erster Linie die die Stadt überragende *Alhambra* (al hambra – die rote Burg), jene Festung, die von einer von vielen Türmen bewehrten Mauer umgeben ist. Der ganze Komplex besteht aus vier Teilen, der Alcazaba, dem Palacio árabe oder Alhambrapalast, dem Palacio Carlos V. und schließlich aus den herrlichen Gärten des Generalife.

Eingang

Die 1348 erbaute Puerta de la Justicia, ein mächtiges Tor, in dessen Bogen eine Hand als Glückssymbol eingemauert ist, bildet den Eingang zum etwa 725 m langen und rund 180 m breiten Alhambrabezirk. Nach wenigen Schrit-

Eintrittskarten
Alcazaba
Torre del Vela

ten kommt man zunächst an den Palacio Carlos V., wo man die Eintrittskarten löst. Als erstes sollte man die *Alcazaba,* den ältesten Teil der Alhambra, besichtigen. Er stammt aus dem 13. Jahrhundert. Auf keinen Fall darf man versäumen, vom gewaltigen *Torre de la Vela* aus einen herrlichen Blick auf die Alhambra, den Generalife, über die Stadt Granada und auf den Sacro Monte und die Sierra Nevada zu genießen. Fotografen werden hier voll auf ihre Kosten kommen!

Palacio

Gleich hinter dem *Palacio Carlos V.* – dieser spanische König hat den Palast nie bezogen – gelangt man zur eigentlichen Alhambra. Arabischer Tradition gemäß gliedert sie sich in drei Teile. Da sind zunächst die Räume für Versammlungen, aber auch für Gerichtsverhandlungen (Mexuar). Im sogenannten Diwan wurden einst alle Staatsgeschäfte abgewickelt, während der Harem von den Wohnungen des Herrschers und dessen Frauen umgeben war. Patios, wunderschön gestaltete Innenhöfe, bilden jeweils die Mittelpunkte zwischen diesen Abschnitten.

Oratorio

Auf dem Rundgang kommt man vom *Mexuar* (im Jahr 1632 in eine Kapelle umgewandelt) ins *Oratorio,* von dessen drei Zwillingsfenstern aus man einen guten Ausblick auf das Rio-Darro-Tal hat.

Torre de Machuca
Patio
Sala de la Barca
Turm

Weiter gelangt man durch die *Torre de Machuca,* in dem angeblich die Baumeister des Palacio Carlos V. gelebt haben sollen, in den gleichnamigen Garten, und von da in den *Patio del Mexuar,* an dessen Südseite die linke der beiden Türen zum Innenhof des Diwan, wegen seines großen Teiches auch Patio de la Alberca genannt, führt. An der Nordseite dieses Hofes befindet sich die schon erwähnte *Sala de la Barca,* wo sich Boabdils Schicksal erfüllt hat. Dahinter liegt der *Torre de Comares,* ein 45 m hoher Turm, in dem sich der wohl prächtigste Kuppelsaal der Alhambra befindet.

Schließlich gelangt man in den *Patio de los Leones,* einen Mittelpunkt der Winterwohnung der Herrscher. Im Zentrum dieses 28,50 m langen und 15,70 m breiten Hofes dominiert der zwölfeckige *Löwenbrunnen,* der diesem Hof seinen Namen gab. Zwölf Löwen aus tiefschwarzem Marmor tragen die Brunnenschale. Um die an der Südseite dieses Patios gelegene *Sala de los Abencerrajes* rankt sich eine grausige Geschichte: Auf Befehl des Königs sollen hier einst alle 36 Mitglieder des adligen Abencerragen-Geschlechtes niedergemetzelt worden sein, weil sie sich dem Herrscher nicht beugen wollten. An der Nordseite des Hofes liegt die *Sala de las Dos Hermanas* (Saal der beiden Schwestern), so genannt nach den beiden gleichartigen Bodenplatten neben dem kleinen Springbrunnen. Den Saal selbst überspannt das größte – angeblich schönste – Stalaktitengewölbe, das maurische Kunsthandwerker jemals geschaffen haben.

Löwenbrunnen

Sala de los Abencerrajes

Sala de las Dos Hermanas

An der Westseite der Sala de las Dos Hermanas liegt der Ausgang zum *Patio de la Reja,* dem Hof der Grille, von wo aus man den inneren Palastgarten, *Patio de Daraxa,* betritt. Ehe man in den Grillenhof gelangt, kann man noch die *Baños,* die königlichen Badeanlagen aus dem frühen 14. Jahrhundert bewundern.

Patios

Baños

Der Rundgang durch die Alhambra ist damit beendet. Ehe man zum Höhepunkt der Besichtigung, zu den Gartenanlagen des Generalife kommt, sollte man noch den *Palacio Carlos V.* besuchen. Die Brüder Machuca haben den nie vollendeten quadratischen Renaissancebau errichtet, der in seinem Inneren jedoch kreisrund ist. Der Grund dafür: Dieser Teil war eigentlich als Stierkampfarena gedacht. Wer Lust hat, kann hier noch das *Museum der schönen Künste* und das *archäologische Museum* der Alhambra besichtigen.

Museen

Auch wer sich nicht für wundervoll angelegte Gärten interessiert, wird sich beim Anblick der auch heute noch tadellos gepflegten Anlagen des *Generalife* wie in ein Märchen aus Tausendundeiner Nacht versetzt fühlen. Man nimmt an, daß diese aus mehr oder weniger schlichten Bauten bestehende Sommerresidenz der Könige von Granada Anfang des

Generalife

14. Jahrhunderts fertiggestellt worden ist. Zypressen, duftende Hecken und mediterrane Blumen verzücken hier das Auge des Betrachters ebenso wie die zauberhaften Gärten mit ihren Kanälen und Wasserspielen. Wahrlich ein Schauspiel von einzigartiger Pracht! Im Generalife gibt es auch ein großes *Freilichttheater,* in dem wie auch auf der Alhambra Ende Juni/ Anfang Juli das Festival Internacional de Música y Danza, das sind hochrangige Konzert- und Ballettveranstaltungen, durchgeführt werden.

Freilichttheater

Zu einer Besichtigung Granadas gehört auch ein Besuch der *Kathedrale de Santa Maria de la Encarnación,* mit deren Bau bereits im Jahr 1523 begonnen wurde. Der Baumeister de Egas errichtete diese imposante Renaissancekirche nach dem Vorbild der Kathedrale von Toledo. Fertiggestellt wurde das gewaltige Gotteshaus erst zu Beginn des 18. Jahrhunderts. Am sehenswertesten ist wohl, neben der Hauptfassade mit ihren von Duque Cornejao, J. Risueno und den Künstlern Verdiguier geschaffenen Skulpturen, die Capilla Mayor, die als Meisterwerk des Baumeisters Siloé gilt. In ihrem Innern die betenden Figuren der Katholischen Könige, darüber die Büsten Adams und Evas. Die herrlichen 14 bunten Glasfenster sind während des 16. Jahrhunderts in Flandern entstanden. Über ihnen weitere Szenenfenster mit Bildern aus dem Evangelium. Aus dem 16. Jahrhundert stammt das wundervolle Chorgestühl, während die Marmorkanzeln aus dem 18. Jahrhundert herrühren. A. Cano, dem wir auch die schon erwähnte Hauptfassadendekoration – wenigstens teilweise – verdanken, entwarf die Silberleuchter auf dem Hauptaltar.

Kathedrale

Außenbau

Innen-ausstattung

Angeblich stifteten die Katholischen Könige, Ferdinand und Isabella, die Hl. Jungfrau mit dem Kind, die aus dem 15. Jahrhundert stammt und in der schönen Seitenkapelle Capilla de Nuestra Senora de la Antigua zu besichtigen ist.

Kunstschätze

Im ehemaligen Kapitelsaal befindet sich heute die Schatzkammer. Gezeigt werden eine Reihe wunderbarer Tapisserien aus Flamen, eine silberne Monstranz aus dem 16. Jahrhundert, die Königin Isabella II. der Kathedrale geschenkt hat, sowie u. a. auch einige bemerkenswerte Skulpturen von A. Cano. *Tapisserien*

Die *Capilla Real,* die spätgotische Königskapelle, betritt man am besten von außen, von der Plaza de la Lonja aus. Diese als Grabkapelle der Katholischen Könige gedachte Kapelle wurde Anfang des 16. Jahrhunderts erbaut. Domenico Fancelli, ein Künstler aus Florenz, gestaltete die Grabmäler der Katholischen Könige und ihrer Tochter, Johanna der Wahnsinnigen, sowie ihres Gemahls, Philipp des Schönen. Die plattaresken Gitter davor stammen von Meister Bartolomé von Jaén. Sehenswert auch der Schnitzaltar aus dem frühen 16. Jahrhundert, der von Felipe Bigarny geschaffen worden ist. In der Sakristei dieser Kapelle ist heute ein kleines Museum mit wertvollen Gemälden flämischer, spanischer und italienischer Meister eingerichtet. Hier kann man auch das Schwert König Ferdinands sowie Zepter und Krone von Königin Isabella bewundern. *Capilla Real* *Grabmäler* *Museum*

Zur Besichtigung lädt an der Calle Real de la Cartuja auch die sogenannte *Cartuja,* ein altes Kloster, das 1506 gegründet worden ist. Von dem erst drei Jahrhunderte später fertiggestellten Bauwerk sind heute nur noch die Kirche mit Sakristei, der Kreuzgang und das Refektorium erhalten geblieben. Die Kirche hat eine Fassade aus dem 18. Jahrhundert. Das einschiffige Innere des Gotteshauses ist besonders reich mit Bildern und Stukkaturen dekoriert. Bemerkenswert das meisterlich geschmiedete Eisengitter, das den Bereich der Laien von dem der Mönche abtrennt. *Klöster* *Kirche*

Kunstfreunde werden sich in Granada vielleicht auch das Kloster *San Jerónimo* an der Calle del Gran Capitán ansehen wollen, das mit seinen zwei Innenhöfen im Renaissancestil erbaut wurde. Einer dieser Höfe besitzt sieben wundervoll geschnitzte Tore, die von Siloé geschaffen worden sind. Dieser Künstler fertigte auch das kostbare Chorgestühl. *Innenhöfe*

Paseo del Violón

Am Paseo del Violón liegt die *Eremita de San* Sebastián. An dieser Stelle befand sich in vergangenen Zeiten ein arabisches Gebetshaus. Heute betritt man die gut erhaltene Einsiedelei durch einen Hufeisenbogen, durch den man in den Kuppelbau gelangt. An diesem Ort trafen sich Maurenkönig Boabdil und König Ferdinand nach der Übergabe Granadas an die Christen noch ein letztes Mal.

Rabad al bayacin

Rabad al bayacin hieß zu arabischer Zeit das Viertel, das heute den Bürgern Granadas als Albaicin bekannt ist. → Baeza.

Eigentlich war dies dicht besiedelte Viertel mit seinen etwa 300 Moscheen und von wehrhaften Mauern umgeben, eine kleine Stadt für sich, in der alle Sparten des Handwerks blühten. Hier, in Albaicin, kam es auch nach der Eroberung durch die Spanier zu Aufständen gegen die Fremden. Doch jeder Widerstand wurde blutig niedergeschlagen. Viele der einstigen Bewohner wurden später zwangsweise nach Kastilien umgesiedelt, andere emigrierten zurück nach Afrika. In unseren Tagen geht es im Albaicin friedlich zu. Heute ist dieses Viertel ein äußerst malerischer Stadtteil Granadas mit winzigen, engen Gäßchen, hübschen, blendendweiß getünchten Häusern und schönen Villen mit herrlichen Patios, in deren Innerem kleine Springbrunnen für angenehme Kühle sorgen.

Plaza de Bibarrambla

Bis zum Jahr 1843 befand sich ein arabischer *Bazar* für Seidenstoffe, die Alcaicería, dort, wo heute die Plaza de Bibarrambla ist. Der Bazar wurde durch Feuer zerstört, jedoch schon zwei Jahre später – ganz dem Original entsprechend – wieder aufgebaut. Heute werden hier Souvenirs aller Art zum Kauf angeboten.

Carrera del Darro

An der Carrera del Darro befinden sich die *Arabischen Bäder,* eine Anlage, die aus dem 11. Jahrhundert stammt. Das Bauwerk besteht aus verschiedenen gewölbten Räumen. Zwei davon sind mit Hufeisenbogen über Marmorsäulen geschmückt, die römische, westgotische und aus der Kalifenzeit stammende Kapitelle zieren. Den heutigen Besucher setzen Einrich-

Bild rechts: Torbogen in der Alhambra

Badeanstalten tungen wie diese Badeanstalten oft in Verwunderung. Aber für die Araber jener Zeit gehörten solche Anlagen ebenso wie gepflastere Straßen oder beleuchtete Gassen zu den Selbstverständlichkeiten ihrer hohen Zivilisation.

Audiencia Die *Audiencia,* die ehemalige Staatskanzlei, befindet sich an der Plaza Nueva. In diesem Komplex, der aus dem 16. Jahrhundert stammt, war einst auch das Gefängnis untergebracht. Die verschiedenen Gebäudeteile gruppieren sich um einen Innenhof, dessen Arkaden mit dorischen Säulen und Rundbogen geschmückt sind. In der Etage darüber sieht man ionische Säulen, auf denen das Gebälk ruht. Spitz- und Rundgiebel wechseln sich auf der in italienischem Einfluß gestalteten Fassade ab.

Plaza Universidad Erwähnenswert ist vielleicht noch die weitläufige *Plaza Universidad.* Hier liegt – der Name besagt es – die alte, von Carlos V. im 16. Jahrhundert gegründete Universität, die über eine besonders wertvolle und reichhaltige Bibliothek verfügt. Ebenfalls zum Universitätskomplex gehört ein großer *Botanischer Garten.* Ein Besuch dieser gepflegten Anlage lohnt sich.

Botanischer Garten

Zigeuner Aber was wäre Granada ohne seine Zigeuner? Man kann eine Fahrt zum Heiligen Berg, dem *Sacro Monte,* auf dem eine Benediktinerabtei aus dem 17. Jahrhundert steht, mit einer Besichtigung der *Cuevas del Sacromonte,* den in den Felsen gehauenen Höhlenwohnungen der Zigeuner, verbinden. Ob Sie nun auf eigene Faust oder – was wesentlich ratsamer ist – im Rahmen einer organisierten Stadtrundfahrt dorthin gehen: Vorsicht ist angebracht! Die Gitanos, die Zigeuner, sind nicht nur sehr selbstbewußt, sondern nicht selten auch äußerst fordernd, ja sogar aggressiv, wenn es ums Bezahlen für die dargebotenen Zambras, die folkloristischen Tänze geht. Man sollte sich auf jeden Fall auch vor den »Schleppern« hüten, die einen mehr oder weniger aufdringlich in die vielen, zu Tavernen ausgebauten Höhlen zu zerren versuchen. Übrigens: Die meisten dieser Tanzveranstaltungen haben mit dem echten

Tänze

Zigeunerleben nur noch sehr wenig zu tun. Während der ausgedehnten Besichtigungen Grandas wird man hungrig. An dieser Stelle können keine gezielten Empfehlungen ausgesprochen werden. Lieber sollte man sich beim Stadtbummel sein Lokal oder Speiserestaurants selbst auswählen. Allgemein ist über die Küche Granadas, die andalusische Küche, zu sagen, daß sie hier in besonders reichlicher Vielfalt angeboten wird. Was das Meer und die fruchtbare Region liefern, wird – köstlich mit Kräutern und Gewürzen verfeinert – zu leckeren Gerichten zusammengestellt.

Küche

Wählen Sie doch einfach einmal *Pollo al ajillo* – das ist geröstetes Huhn mit tüchtig Knoblauch. Oder wie wär's mit einer Tortilla *Sacromonte,* einem gefüllten Eierkuchen? *Caracoles* sind pikant gewürzte Schnecken, berühmt sind auch *Cangrejos*, frisch aus einem der zahlreichen Flüsse gefangen Krebse. Wenn Sie gerade zur richtigen Erntezeit in Granada sind, sollten Sie nicht versäumen, leckere Erdbeeren aus den Bergen zu kosten. Bei den Getränken sind Sie selten schlecht beraten, wenn Sie beim Kellner *Vino de la Casa,* einen offenen Hauswein, bestellen, je nach Geschmack weiß oder rot. Während eines guten Essens können Sie sich bereits einmal überlegen, wohin Sie von Granada aus ein Ausflug in die gleichnamige Provinz führen soll.

Huhn

Obst

Wein

Feste: Im Januar findet am 2. der Dia de la Toma zur Erinnerung an die Eroberung Granadas durch die Christen mit großen Paraden und Umzügen statt. Sehenswerte Veranstaltungen – ebenfalls mit malerischen Umzügen – gibt es während der Semana Santa, der Karwoche. Ende Juni/Anfang Juli großes Internationales Musik- und Ballettfestival.

Feste

GRANADA (PROVINZ)

Die Provinz Granada zählt heute zu den reichsten Spaniens. Neben Getreide, Südfrüchten, Zuckerrohr, Wein, Oliven, Feigen, Mandeln und

Reiches Angebot

Granatäpfeln – auch sie ein Erbe der Mauren – liegen auf dem Gebiet der Provinz Granada die ergiebigsten Blei- und Eisenerzminen Spaniens. Eine wichtige Einnahmequelle bedeutet auch der Tourismus, besonders natürlich in den Badeorten an der *Costa del Sol.*

Bodenschätze

Fremdenverkehr

Wer mit dem eigenen Wagen unterwegs ist, kann sich vielleicht für einen Abstecher in die → *Sierra Nevada*, dem höchsten Gebirgszug der gesamten iberischen Halbinsel, entschließen. Keine Angst, die Straßen sind zwar kurvenreich, aber durchweg gut ausgebaut. Die bizarr geformten und tief zerklüfteten Bergrükken – Sierra bedeutet Säge – sind von Oktober bis oft weit in den Juni hinein schneebedeckt und gelten als ideales Skigebiet. Höchste Erhebungen der Sierra Nevada sind der Mulhacén, der stolze 3478 Meter erreicht, der Veleta mit 3428 Metern und der Alcázaba, der 3366 Meter hoch ist. Überall in diesen Bergen gibt es größere oder kleinere Seen, deren Wasser natürlich eiskalt, dafür aber wundervoll klar ist. Von Granada aus führt eine gut ausgebaute Straße bis auf 3400 Meter Höhe, dicht bis zum *Pico de Veleta,* den man vom Parkplatz aus relativ bequem zu Fuß erreicht. Lohn für die kleine Mühe des Anstiegs ist ein imposanter Rundblick. Wer selbst nicht motorisiert ist, aber dennoch in die Sierra möchte, dem stehen in Granada verschiedene Möglichkeiten zur Verfügung, die Fahrt in einem Bus zu unternehmen. Erkundigen Sie sich in Granada beim OIT (Oficina de Informacion de Turismo), Plaza Padre Suárez 19.

Skifahren

Rundblick

Bus

Kleinbahn

Außerdem gibt es eine elektrische Kleinbahn, die entlang des Rio Genil bis zur Endstation Maitena in etwa 1100 m Höhe fährt. Details kann man ebenfalls bei OIT erfragen.

Ein schöner Ausflug ist auch eine Autofahrt nach *Loja.* Dazu verläßt man die Stadt auf der N 342 und erreicht nach zwölf Kilometern den Ort *Santafé.* Er entstand während der Belagerung Granadas durch die christlichen Heere, die dort ihr Lager aufschlugen. Es wird berichtet, daß Königin Isabella die Katholische hier

Christoph Columbus einst ihre finanzielle Unterstützung für dessen Entdeckungsreisen zugesagt habe. Weiter geht die Fahrt in Richtung *Lachar* (ausgeschildert). Kurz vor Loja kommt man zu den *Infiernos de Loja,* das ist eine äußerst romantische Schlucht, in der die Wasserkaskaden des Rio Genil in die Tiefe stürzen. Für Fotoamateure geradezu ideal ist Loja mit seinen malerischen, engen und winkeligen Gassen. Sehenswert sind die beiden *Kirchen* San Gabriel aus dem Jahr 1552 und Santa Maria de la Encarnacion, die aus dem 16. Jahrhundert stammt. Auf der N 342 geht es nun wieder zurück bis *Venta del Pulgar* und von dort nach → *Alhama de Granada,* einem kleinen Thermalbad. Hier kann man auch noch die Ruinen ehemaliger römischer und maurischer Badeanstalten betrachten. Nun führt die Straße vorbei am großen *Stausee* de los Bermejales und zurück in die *Vega-Ebene.* Über Gabia de la Grande und Armilla gelangt man schließlich wieder nach Granada.

Bild oben: Bubión y Capileira, Provinz Granada

Romantische Schlucht

Malerischer Ort

Stausee

Höhlenwohnungen

Besonders malerische *Höhlenwohnungen* finden Sie in → *Guadix*. Wieder nimmt man die N 342, doch diesmal hält man sich nach Osten. Die Straße führt über den etwa 1400 Meter hohen Puerto de la Mora durch eine romantische, ziemlich dünn besiedelte Landschaft. Vor Antritt dieser Fahrt, aber das gilt natürlich auch für andere Abstecher ins Land, sollten Sie unbedingt Wasser und Benzin auffüllen!

Purullena

Weiter geht es nach *Purullena,* einem kleinen Dorf, das nahezu ganz aus Höhlenwohnungen besteht. Endlich erreicht man Guadix mit seinem Barrio de Santiago, dem Viertel mit den oft ganz komfortabel ausgestatteten Höhlenwohnungen. Meist werden diese Quartiere von Zigeunern bewohnt. In dem Bischofssitz Guadix gibt es eine wunderbare Kathedrale, die bereits im 16. Jahrhundert erbaut wurde. Sehenswert sind außerdem die Ruine einer Festung aus maurischer Zeit und die alte Stadtmauer. Auf dem Rückweg über La Calahorra und Baza mit Resten einer maurischen Festung sowie weiteren Höhlenwohnungen kommt man über die N 342 wieder nach Granada zurück.

Kathedrale

Festung

Wer eine der schönsten und wildesten Landschaften der iberischen Halbinsel kennenlernen möchte, der besucht die → *Alpujarra.* Über die N 323 verlassen Sie Granada und fahren über den knapp 900 Meter hohen »Paß des Maurenseufzers«, den Puerto del Suspiro del Moro. In südlicher Richtung führt die Bergstraße bis Valez de Benaudalla, einem der typischen Dörfer der Alpujarra-Region. Die auch Las Alpujarras genannte Landschaft umschließt den Südhang der Sierra Nevada bis hin zur Costa del Sol. Zerklüftetes Gebirge wechselt mit fruchtbaren Landstrichen, wo auf terrassenförmig angelegten Feldern Landwirtschaft betrieben wird. Von Velez de Benaudalla aus geht es nun weiter in Richtung → Motril und dann zur Küste bis zum Städtchen → *Almunécaran,* dem zur Provinz Granada gehörenden Abschnitt der Costa del Sol. Die feinen Sandstrände, seltener auch Kiesstrände, laden zum Baden ein. Sehenswert sind in dem

Paß

Typische Dörfer

Strände

Ort die Ruinen eines Aquädukts und der wie eine Art Taubenschlag wirkende Torre del Monje, der Mönchsturm. Der Turm ist aber nichts anderes als eine Grabstatt aus alter Zeit. Höhle der sieben Paläste, Cueva de los Siete Palacios, wird eine unterirdische Anlage genannt, deren Sinn man bis heute nicht eindeutig erklären konnte. Möglich wäre, daß sich dort einst aufrührerische Moriscos vor ihren christlichen Verfolgern verborgen haben.

»Höhle der sieben Paläste«

Nun geht es wieder zurück bis nach *Motril,* entlang der Küste, wo man verschiedene Badeorte passiert und dann über *Albunol* nach *Orgiva.* Von hier aus fahren wir zum Mineralbad *Lanjarón.*

Mineralbad

Wer mag, kann einen Abstecher in den nahen Nationalpark machen. Sonst kehrt man wieder auf die N 323 zurück und gelangt so nach Granada.

Nationalpark

Wenn man die Stadt Granada in Richtung Costa del Sol auf der N 323 verläßt, kommt man über den 865 Meter hohen Bergpaß Puerto del Suspiro del Moro. Hier oben, so sagt der Volksmund, soll im Januar des Jahres 1492 der von den Christen vertriebene Maurenherrscher Boabdil sein Pferd angehalten und sich mit Tränen in den Augen ein letztes Mal zu seiner in der Ferne liegenden Burg Alhambra umgewandt haben. Die tiefverschleierte alte Maurin, die neben dem entthronten König ritt, war dessen Mutter. Als die Frau das Seufzen ihres Sohnes vernahm, soll sie barsch zu ihm gesagt haben: »Hättest du vorher wie ein Mann gekämpft, brauchtest du jetzt nicht zu weinen!«

GUADIX

Knapp 60 km westlich von → Granada, an der N 342, liegt in 949 m Höhe der Ort Guadix. Schon sechs Kilometer vor dem Ort von 20 000 Einwohnern wird man auf eine seiner Attraktionen aufmerksam gemacht. Die touristisch voll erschlossenen Wohnhöhlen von Purullena kann man sich sparen, da man solche besser in Guadix selbst besichtigen kann. Außer den Wohnhöhlen hat die von der Landwirtschaft lebende Stadt noch einiges zu bieten. In der

Granada

Wohnhöhlen

Bild oben: Blick über Guadix zur Sierra Nevada

mächtigen *Kathedrale* mischen sich Renaissance und Barock. Der gewaltige Turm der Kirche ist der Renaissance verhaftet, während Fassade und Chorgestühl aus der Barockzeit stammen. Einen geradezu unschätzbaren Wert haben die Reliquien in der Schatzkammer der Kirche.

Altstadt

Auf dem Weg durch die engen Gassen der malerischen Altstadt gelangt man zum *Rathausplatz.* Dort laden Cafés im Schatten von Arkaden zum Verweilen.

Alcazaba

Ebenfalls mitten in der Stadt steht der maurische *Alcazaba.* Dahinter, schon in Richtung der Straße nach Almeria, folgt das *Santiago-Viertel.* Das Kloster mit seinem plateresken Tor und den herrlichen Holzarbeiten im Inneren ist nicht die wichtigste Sehenswürdigkeit dieses Viertels. Das sind vielmehr die bewohnten *Höhlen.* Daß sie teilweise mit fast allem Komfort ausgestattet sind, wird den Bewohnern niemand wirklich übelnehmen. Immerhin haben schon zu prähistorischen Zeiten Menschen hier gelebt. Heute wohnen etwa 4000 Menschen in diesem Höhlenviertel. Einige der Höhlenwohnungen können besichtigt werden.

Sehenswürdigkeiten

Unterkunft

Dem Besucher stehen in Guadix mehrere kleine Hotels zur Auswahl. Im »Comercio«, Mira de Amezuca 3, kann man auch sehr gut essen. In der Pension »La Andaluza« kann man das auch, es hat aber keine Heizung. Eine Garage bietet das mit zwei Sternen ausgezeichnete »Mulhacén« an der Ctra de Múrcia.

Ausflüge

Von Guadix aus lassen sich Ausflüge in die nahe → Sierra Nevada oder nach Baza unternehmen.

HUELVA

Grenze zu Portugal

Im äußersten Südwesten Spaniens, an der Grenze zu Portugal, liegt die Provinz Huelva. Die gleichnamige Hauptstadt wird gleich von zwei Flüssen durchquert. Der Rio Odiel entspringt, wie auch der Rio Tinto, in den Ausläufern der Sierra Morena. Besonders der durch die mitgeführten Eisenerze rote Fluß hat quasi zur ersten Industrialisierung der Provinz schon in der Bronzezeit einiges beigetragen. Phönizier, Kelten, Römer und Araber haben hier gesiedelt und jeder hat auf seine Art auch von den reichen Erzvorkommen profitiert. Die Araber gingen, die Christen, für die Huelva das Ende der bekannten Welt bedeutete, brachten von hier aus Kolumbus und seine Mannschaft

Flüsse

Besiedelung

Bild unten: Huelva

Kolumbus-Denkmal

auf den langen Weg. Das Kolumbus-Denkmal an der Runta de Sebo verbreitet Wehmut, denn von der Ausbeutung der »neuen Welt« konnte Huelva nicht lange leben. Bald riß Sevilla den Handel, und damit den Reichtum, an sich. Hinzu kam ein verheerendes Erdbeben im 18. Jahrhundert, das die historischen Gebäude fast völlig zerstörte. Von diesem Schock erholte sich Huelva erst, als die Engländer als Besetzer des Landes im 19. Jahrhundert die industrielle Revolution und den Fußball dort einführten. Die direkte Folge der Einführung des

Fußball

Fußballs sind die Ausscheidungsspiele um den Kolumbus Cup in jedem August. Die Folgen der industriellen Revolution haben weit größere Auswirkungen gehabt. Die 140 000 Bewohner Huelvas leben von der petrochemischen Indu-

Industrie

strie. Das geht natürlich nicht spurlos an den Flüssen und dem Meer vorüber. Und ein Luftkurort ist Huelva schon gar nicht. Der Hafen der Stadt ist trotz anhaltender Versandung

Fischerei

noch immer von Bedeutung. Die Fischerei hat hier Tradition, was man unschwer auf den Speisekarten der Restaurants nachlesen kann.

Jachthafen

Es gibt auch einen Jachthafen, in dem Angelfahrten und andere Wassersportarten angeboten werden. Fast alles, was nur einen Hauch, zugegebenermaßen sehr alter, Geschichte in

Museen

sich birgt, ist im *Provinzialmuseum* oder im *Archäologischen Museum* zusammengetragen worden. Die *Kathedrale* ist aus einem Kloster aus dem 18. Jahrhundert entstanden. Das Kloster Rabida am Rio Tinto ist in feinstem Mudejar-Stil errichtet.

Unterkunft

Auch vom Feinsten ist das Vier-Sterne-Hotel »Luz Huelva« an der Alameda Sumdheim 26. Ein paar Meter weiter findet man mit dem »Colombino« ein preiswertes Hotel. Wenngleich die Stadt wenig Sehenswertes bietet und auch abends nicht sehr aufregend ist, als Ausgangspunkt für Ausflüge in die Provinz ist Hu-

Ausflüge

elva gut. Die N 435 führt nördlich aus der Stadt und nach 20 km in das Städchen *Trigueros.* Das gotische Kloster San Anton lohnt einen Besuch. Bevor es in die einsame Sierra Morena geht, passiert man nach etwa 100 km den kleinen Ort *Jabugo.* In der Cueva de la Mora sind aufsehenerregende Funde gemacht worden. Jabugo ist über die Provinzgrenzen hinaus bekannt für seinen Schinken und andere Wurstwaren. Gleich hinter dem Ort geht es rechts auf die N 433. 18 km später ist man in *Aracena* mit seiner gewaltigen Tropfsteinhöhle. Die sogenannte Wundergrotte ist in zwölf Säle mit sechs Seen unterteilt.

Spezialitäten

Tropfsteinhöhle

Bevor man sich in den zahlreichen Keramikgeschäften des Ortes umsieht, sollte man die schönen alten Kirchen, besonders die Burgkirche, besuchen. Der Embalse de Aracena, unweit der Stadt, lädt in lauschiger Umgebung zum Bade. In dieser waldreichen Gegend bereichert das örtliche Niederwild den Speisezettel. Auch auf dem Weg nach → *Sevilla* gibt es einiges zu sehen. Nach etwa 20 km auf der N 431 kommt man nach *Niebla.* Kurz vor der Stadt steht mit dem Dolmen von Soto eines der besterhaltenen Megalithgräber der Gegend. In Niebla kann man auf einer römischen Brücke die Geschichte unter den Füßen spüren. Auch die Burganlage mit ihren Türmen ist eindrucksvoll. Nach 35 km auf der N 431 biegt man

Keramik

Kirchen

Dolmen

Bild unten: Huelva, Strand

Nationalpark rechts ab auf die H 612. Diese führt nach *Almonte* und damit zum *Nationalpark Coto de Donana* im Mündungsgebiet des Guadalquivir. Die H 612 bringt den Besucher bei *Matalascañas* wieder an die Küste. Dort kann man in einem Reitclub Pferde mieten. *Reiten* Hier wird außerdem jede Art Wassersport angeboten. Hotels gibt es reichlich und auch das Nachtleben kommt nicht zu kurz. Auf der anderen Seite von Huelva führt die N 431 letztlich nach *Ayamonte* und an die portugiesische Grenze. *Richtung Portugal* Vorher passiert man *Gibraleón*, in dem man sich einige der zahlreichen historischen Bauwerke anschauen sollte. *Isla Cristinas* ist ein Fischereihafen mit Badestränden. Von hier aus wird jede Variation des Angelns betrieben. *Angeln*

JAÉN

Mit 100 000 Einwohnern ist Jaén die größte Stadt der gleichnamigen Provinz. Sie liegt in 500 m Höhe und ist umgeben von fruchtbarem Bergland. Haupterzeugnis der Provinz ist das Olivenöl. *Olivenöl* Große Teile der Provinz sind von Olivenhainen bedeckt. Die Römer hatte die Stadt vor allem wegen ihrer Silberminen interessiert, weshalb Jaén noch immer die Silberstadt genannt wird. *»Silberstadt«* Später hielten sich hier die Mauren lange gegen die christlichen Angreifer und belagerten mehrfach die bereits zurückeroberte Stadt. Ihre *Festung* beherrscht auch heute noch die Altstadt, obwohl sie fünf Kilometer entfernt auf einer Anhöhe liegt. *Festung* Die Trutzburg war von den Christen ausgebaut worden. Daher teilt sie sich in einen alten und einen neuen Teil. Im maurischen Teil ist besonders der nach Mekka gerichtete *Albarrana-Turm* der Erwähnung wert. *Albarrana-Turm* Von oben bietet sich ein weiter Blick über die Stadt und das gebirgige Umland. Dort ist auch einer der schönsten → Paradore Spaniens zu finden. Nobler als in diesem Palast kann man in der Provinz nicht übernachten. Wie schon → Baeza und → Ubeda ist auch Jaén von der Renaissance geprägt. In der

Altstadt liegt die *Kathedrale Santa Maria.* Das eindrucksvolle Gotteshaus wurde schon 1492 begonnen, aber erst im 18. Jahrhundert fertiggestellt. Daher mischen sich in ihm die Stilrichtungen dreier Jahrhunderte. Die Hauptfassade stammt aus der Barockzeit, im Innenraum herrscht die Gotik vor. Auch die Renaissance ist vertreten. Sehenswert sind das Chorgestühl aus dem 15. und 16. Jahrhundert, die reich geschmückte Capilla Mayor und das angeschlossene *Museum*.

Altstadt

Museum

Das Provinzialmuseum sollte man nicht versäumen, bietet es doch neben herausragender Malerei auch iberische Kunst. Der »iberische Stier« ist ein Schmuckstück dieser Sammlung.

San Magdalena

Im Stadtteil San Magdalena, nach der ältesten Kirche Jaéns benannt, lohnt ein Blick in das *Kloster Santo Domingo*. Der Renaissancestil ist hier, wie öfter in der Provinz, italienisch beeinflußt.

Schatten findet man im *Alameda-Park* und im Keller des *Palastes Villadompardo.* Dort liegen die ältesten und vollständigsten arabischen Bäder auf spanischem Boden quasi unter der Erde. Der anschauliche Palast steht an der Plaza Luisa de Marillac. Die darunterliegenden

Bild unten: Plaza de San Pedro

Bäder Bäder stammen aus dem 11. Jahrhundert. Hotels aller Preisklassen gibt es in der Nähe des Bahnhofs und auf den Avenidas de Granada und de Madrid.
Die Neustadt von Jaén ist für den Gast nicht besonders sehenswert.

Verbindungen Jaén ist per Bus mit der gesamten Provinz und durch Bus und Bahn mit ganz Spanien verbunden.

Ausflug 48 km von Jaén, über die N 321 zu erreichen, liegt *Alcaudete* wie eine weiße Perle strahlend unter einer mächtigen maurischen Burg. Das Städtchen macht ganz und gar den Eindruck einer arabischen Stadt. Dieser Zeit ist auch die Kirche San Pedro verbunden. Sie ist ein besonders gelungenes Beispiel des Mudéjar-Stils. Auf der Ctra de Cadíz kann man in kleinen Hotels preiswert übernachten oder über die nahe Provinzgrenze nach → Córdoba weiterfahren.

JAÉN (PROVINZ)

Mit 13 500 qkm gehört Jaén nicht eben zu den kleinen Provinzen. Große Teile sind von fast unbewohntem Bergland bedeckt. Der weitaus größte Teil wird landwirtschaftlich genutzt. Die Gegend um Bailen ist für ihren Wein bekannt. Dort findet man auch ausgedehnte Weizenfelder. Der Rest der Provinz ist bedeckt mit Olivenbäumen.

La Carolina *La Carolina,* 65 Kilometer nördlich der Provinzhauptstadt, entstand in seiner heutigen Form erst gegen Ende des 18. Jahrhunderts. Zur Besiedlung der Sierra Morena wurden Deutsche und Schweizer dort angesiedelt, die ihre Sitten und Gebräuche lange Jahre auch fern der alten Heimat pflegten. La Carolina ist ein guter

Ausflüge Standort für Ausflüge in die Einsamkeit der Sierra Morena, zumal mit dem Vier-Sterne-Hotel »La Perdiz« und dem Zwei-Sterne-

Unterkunft Hotel »Los Caballos« zwei gute Hotels zur Verfügung stehen. Beide liegen an der Ctra Madrid–Cádiz. Folgt man von Jaén aus der N 323, stößt man dabei zunächst nach 27 Kilometern auf *Bailen.* Ganz in der Nähe fand 1808 eine Schlacht gegen die napoleonischen Truppen statt. In Bailen trifft man auf die N IV. Folgt man ihr nach Norden, passiert man auf dem Weg in die Sierra Morena zunächst *Baños de la Encina.* Der kleine Ort liegt sechs Kilometer von der Hauptstraße entfernt. Dort sind eine maurische Burg und die gotische Kirche San Mateo einen Besuch wert. Die N IV führt in der anderen Richtung nach *Andújar.* Auch von dort kann man Ausflüge in die Sierra Morena unternehmen. Allerdings sollte man erst die plattereske Kirche Santa Maria la Mayor mit ihrem Mudejar-Turm besichtigen. Gemälde von El Greco schmücken den Altarraum. Von Jaén aus führt die N 321 letztlich in die Provinz Córdoba. Auf dem Weg dorthin durchquert man den Ort *Martos.* Die 23 000 Einwohner leben in erster Linie von der Produktion von Olivenöl. In der Tat ist Martos der Ort in Spanien, in dem am meisten Öl gewonnen wird. Außerdem sind das Castillo de la Pena, die Kirche Santa Marta aus dem 15. Jahrhundert und das Rathaus im Renaissancestil sehenswert. Bei *Alcuadete* trifft die N 321 auf die N 432 nach Granada. Auch diese 12 000 Einwohner zäh-

Bailen

Baños de la Encina

Martos

Bild unten: Stier

Alcuadete lende Stadt hat eine maurische Burg und mit Santa Maria eine gotische Kirche des 15. Jahrhunderts zu bieten. Alcaudete kann auch mit dem Zug besucht werden. Noch ein Stück weiter in Richtung Granada, kurz vor der Provinzgrenze, liegt *Alcala la Real.* Die wichtigste Sehenswürdigkeit, die Burg La Mitra, liegt auf einem Hügel über der Stadt.

Alcala la Real

JERÉZ DE LA FRONTERA

Cádiz

20 km von Cádiz liegt mit Jeréz de la Frontera eine sehr bürgerlich wirkende Stadt mit etwa 170 000 Einwohnern. Die Innenstadt birgt eine beträchtliche Anzahl von sehenswerten Palästen, Kirchen, Plätzen. Auch der maurische Alcazar und die daneben liegende Kathedrale sind durchaus mehr als einen Blick wert.

Sherry

Trotzdem war es der Wein, der Jeréz weltweit bekannt gemacht hat. Die Araber hatten den Flecken *»Sheris«* genannt, und so entstand der Name für einen ungewöhnlichen Wein.

Den größten Zulauf haben die über 500 Bodegas der Stadt des Sherry. Von Sevilla aus bietet »Boreal Tours« eine Tagesfahrt nach Jeréz, einschließlich Besuch einer *Bodega*, eines guten Essens und der Spanischen Hofreitschule.

Tagesfahrt

Führungen

Durch die großen Weinlager werden Mo. bis Fr. ab 10.00 Uhr Führungen durchgeführt. An Samstagen und Feiertagen finden diese nicht statt. Man kann auch eine Führung verabreden. Domecq hat seine Bodega in der C/San Ildefonso, Sandeman residiert an der C/Pizarro und Williams and Humbert lagern ihre Kostbarkeiten in der C/Nuñu de Caña.

Pferde

Karthäusermönche eines nahen Klosters hatten im 18. Jahrhundert damit begonnen, eine edle andalusische Pferderasse zu züchten. Was daraus geworden ist, trägt sinngemäß den Namen »Wie die andalusischen Pferde tanzen«. Diese Pferde-Show braucht keinen Vergleich zu scheuen. Von Mo. bis Fr. kann man Mensch und Tier zwischen 11.00 und 13.00 Uhr beim Training zuschauen. Die *Hofreitschule*

Training

residiert im Recreo de las Cadenas, einem noblen Gebäude an der Avda Duque de Abrantes.

Bild oben: Sherryfässer

Motorsportfreunden wird Jeréz auch ein Begriff sein. Auf dem *Motodrom* vor der Stadt finden gelegentlich Formel-1-Rennen statt. Neben dem Motodrom liegt auch der Zeltplatz der Stadt. Zur Rennstrecke verläßt man Jeréz über die Ctra Arcos. Dabei kommt man am »La Cueva« und am »El Lago« vorbei, das sind zwei vorzügliche Restaurants.

Motodrom

Restaurants

Das Fünf-Sterne-Hotel »Jeréz« liegt, wie noch weitere gute Hotels, an der Avda Alcalde A. Domecq. In den Straßen Higueras und Morenos lebt es sich auch nicht schlecht, wenn auch wesentlich preisgünstiger.

Unterkunft

KIRCHE

Bis zum Tode Francos war die Katholische Kirche Staatskirche, also untrennbar mit Staat und Regierung verbunden. Erst 1967 wurde die Religionsfreiheit gewährt. Damit war die letzte Errungenschaft der Inquisition abgeschafft. Aber noch heute gehören 99 % aller Spanier, zumindest nominell, der Katholischen Kirche an. Die Gotteshäuser sind lange nicht mehr so

Religionsfreiheit

Umbruch

gut besucht wie zu Francos Zeiten. Es sind vor allem alte Menschen, die in die Gottesdienste gehen. Aber ein großer Teil der Schulen bleibt bis heute in der Hand einer katholischen Kirche, die sich in Vergangenheit und Gegenwart immer als noch staatstragender und konservativer gegeben hat als Rom. Ihre Unterstützung für Franco brachte sie offen zum Ausdruck und so etwas wie »Vergangenheitsbewältigung« hat innerhalb der Kirche noch nicht begonnen. Abgestoßen von dieser Moral und gleichzeitig angezogen von einem modernen Europa, hat sich die Jugend weitgehend dem Griff der Priester entzogen und praktiziert ihre Religion, wenn überhaupt noch, privat.

Moslems

Die Zahl der Moslems ist, besonders in Andalusien, im Steigen begriffen. Es verwundert fast, daß sie trotzdem noch so verschwindend gering vertreten sind, zumal die größte Blütezeit Andalusiens mit der Zeit der maurischen Herrschaft zusammenfällt.

Geschichte

Mit der katholischen Rückeroberung fielen Städte und ganze Provinzen in einen langen Winterschlaf. Die Träger von Kultur und Wissenschaft, also Juden und Araber, mußten das Land verlassen, wollten sie nicht das Millionenheer derer vergrößern, die auf dem Scheiterhaufen endeten. So blutete Andalusien in der ersten Hälfte des 16. Jahrhunderts kulturell aus. Nur die Eroberungen in Amerika und die Ausplünderung des Kontinents verhinderten einen schnellen Ruin vieler einstmals reicher Städte Andalusiens.

Nur an hohen kirchlichen Feiertagen, wenn die Kirche bei Prozessionen ihren Glanz zur Schau stellt, scheinen Alt und Jung gleichermaßen an den farbenfrohen Umzügen beteiligt. Besonders in der Karwoche kann man es kaum glauben, daß sich die Wege der spanischen Gesellschaft und der Kirche zunehmend trennen.

KLIMA

Andalusien ist ein von der Sonne verwöhntes Land. Wegen der großen Landmasse und Höhenunterschiede kommt es in den verschiedenen Klimazonen zu unterschiedlich hohen Tagestemperaturen. Nicht allen Regionen ist es so recht wie den Küstenregionen, daß es maximal 40 Regentage gibt. An der Küste ist es gerade das warme, sonnige Wetter, das die Hauptattraktion ausmacht und in die Millionen zählende Mitteleuropäer anlockt. Weite Teile Andalusiens leben von der Landwirtschaft und würden sich demzufolge durchaus mehr Regen wünschen. Im Sommer kann es an den Küsten über 40 Grad warm werden. Bedenkt man, daß die Temperatur je hundert Meter ein halbes Grad abnimmt, kann man sich die dauerhaften Schneekuppen der Sierra Nevada erklären. Im Sommer kann man sich diese Höhenunterschiede zunutze machen, um der Hitze der Niederungen zu entkommen. Wenn der Südwind auch noch heiße Luft aus der Sahara bringt, werden die Berge nahezu unerläßlich als Zuflucht. Die Vegetation ist im Sommer verdorrt, weite Landstriche sind braun und verbrannt. Im Wüstenklima um Almeria werden die Pflanzungen mit Planen überdeckt, um die schnelle Verdunstung zu vermeiden. Selbst das Wasser des Mittelmeers erwärmt sich auf fast 25 Grad. Der Herbst bietet mit Tagestemperaturen von etwa 25 Grad und Wassertemperaturen von immerhin noch 20 Grad bessere Bedingungen als der Sommer. Auch die Winter sind mit 12 bis 20 Grad am Tag noch warm. Die Nächte werden etwas kühler. Frost ist an der Costa del Sol nahezu unbekannt. Die Wassertemperaturen gehen allerdings auf empfindliche kühle 16 Grad zurück. Erst im späten Frühling werden sie, bei Lufttemperaturen um 22 Grad, wieder etwas angenehmer. Die besten Reisezeiten für die Costa del Sol sind damit der Herbst und der Frühling. Zu dieser Zeit hat man den Strand nahezu für sich. Unwesentlich anders liegen die klimatischen Bedingungen an der Costa de la Luz. Der Atlantik erwärmt sich nicht so stark wie das Mittelmeer und auch die Luft ist ständig etwa vier Grad kälter. Der entscheidende Unterschied zur Mit-

Klimazonen

Sommer

Almería

Wassertemperatur

Winter

Wassertemperatur

Costa del Sol

Costa de la Luz

Gibraltar

Wind

Landesinnere

Hotel mit Heizung

telmeerküste ist der Wind. Je näher man an die Meerenge von Gibraltar herankommt, desto stärker wird er. Das bedeutet Kühlung im Sommer und ideale Bedingungen für gute Surfer (→ Tarifa). Windgeschwindigkeiten von bis zu acht Beaufort sind dort keine Seltenheit. Westlich von Cádiz läßt der Einfluß des Ostwindes nach. Dort sind die Sommer drückend heiß. Auch an der Atlantikküste gibt es im Winter nur äußerst selten Bodenfrost.

Das Landesinnere Andalusiens wird von kontinentalem Klima beherrscht. In den flacheren Regionen und Flußtälern sind die Sommer extrem heiß und trocken und im Winter ist es angenehm warm. Die beste Zeit für einen Besuch der großen Städte sind somit der Herbst und der Winter, wenn dort Tagestemperaturen von 10 bis 25 Grad herrschen. Ab einer Höhe von 1000 m muß man im Winter mit Frost und Schnee rechnen. Daher empfiehlt es sich, ein Hotel mit Heizung zu wählen und, besonders abends, warme Kleidung anzuziehen.

KONSULATE

Konsulate der Bundesrepublik Deutschland gibt es vier in Andalusien:

– In Almería im Hotel »Satelites Park« am Strand von Aguadulce, Tel. 34 05 55 und 34 18 13.

– In Granada an der Ava de la Constitucion, im Gebäude »La Piramide«, Tel. 29 33 52.

– In Málaga am Paseo Limonar 28, Tel. 22 78 66.

– In Huelva an der Avda de Italia 41, Tel. 24 79 71.

– In Sevilla an der Avda Ramón de Carranza 22, Tel. 45 78 11 und 45 79 76.

KULTUR

Trotz der Jahrhunderte dauernden Verfolgung von Nicht-Katholiken hat das maurische Erbe

seinen Einfluß auf die heutige Kultur behalten. Die spanische *Sprache* ist durchsetzt mit arabischen Versatzstücken, die Hälfte aller *Kulturdenkmäler* Andalusiens geht auf die maurische Kultur zurück. Jahrhundertelang hatte Spanien alle Einflüsse, auch und gerade kultureller Art, von sich ferngehalten. Mit der Freiheit ist auch ein neues, eigenständiges Kulturverständnis entstanden. Neben die traditionelle *Volksmusik* wie die »Sevillanas« ist eine sehr spanische Rock- und Popszene getreten, die auch international von sich reden macht. Der spanische *Film* mußte nach Franco erst wieder geweckt werden und arbeitet jetzt mit zunehmendem Erfolg. In *Malerei* und *Bildhauerei* setzen wieder Spanier Maßstäbe, die, anders als Picasso, in ihrem eigenen Land arbeiten dürfen. Mit Vehemenz erstreiten sich auch Frauen, traditionell an Haus und Kinder gebunden, ihren Platz in Literatur, Musik und Malerei. Kulturell ist Spanien unterwegs und im Umbruch begriffen, der mit hohem Tempo vor sich geht.

Bild oben: Bemalte Wandkacheln

Volksmusik

Film

Bildende Künste

Umbruch

LA HERREDURA

Granada

Der westlichste Ort des zur Provinz Granada gehörenden Teils der Küste liegt zwischen → Nerja und Almunecar, 70 km von Málaga entfernt. Den schönsten Blick auf das weiße Städtchen hat man vom »Cerro Gordo« aus, einem Hügel westlich von La Herredura. Dort haben sich seltene Pflanzen und Vögel angesiedelt. Die Strände sind kiesbedeckt und stoßen am Punta de la Mona auf eine Steilküste. Die meisten Hotels und Wohnanlagen sind unmittelbar an den Strand gebaut. So auch die Urbanisation »El Nogal« und das kleine Hotel »La Caleta« am gleichnamigen Strand. Gute Restaurants bieten alles, was das Meer an Leckerbissen birgt und helfen den Zeitraum zu verschönen, bis man sich in den Discotheken ganz auf das reichhaltige Nachtleben konzentriert. Ganz besonders Aktive können tagsüber einen Tauchlehrgang belegen, um den Urlaubsort aus einer ganz anderen Perspektive zu bewundern.

»Cerro Gordo«

Strände

Unterkunft

Tauchen

LA LINEA

Cádiz

La Linea ist quasi ein Ableger Gibraltars auf spanischem Boden. Seit der Grenzöffnung dorthin bestimmt die britische Enklave das Leben der Industriestadt noch entscheidender. Man kann die Stadt als halb britisch und halb spanisch bezeichnen. La Linea hat für einen Badeort allerdings den Nachteil, daß sich dort petrochemische und andere Industrien angesiedelt haben. Daher sind die leicht graugefärbten Strände hier, 120 km von Málaga, auch immer etwas schmutzig. Auch die Wasserqualität ist nicht gut. Wer es bevorzugt, hier statt in Gibraltar zu übernachten, kann dies an der Avda de Espana im Drei-Sterne-Hotel »Rocamar« oder dem zentraleren »Miramar« tun. Auf der Avda del Sol gibt es weitere Hotels. Busse nach Málaga, Gibraltar und Algeciras verkehren hier regelmäßig.

Industrie

Unterkunft

Verbindungen

LINARES

Die zweitgrößte Stadt der Provinz Jaen beherbergt 54 000 Einwohner. Linares ist über die N 322 27 km von Ubeda und 52 km von der Provinzhauptstadt entfernt.

Jaén

Schon seit jeher lebt Linares von den Bodenschätzen aus seiner Umgebung. Minen und Ziegelfabriken machen die Stadt zu einem bedeutenden Wirtschaftszentrum. So verwundert es nicht, daß ein Lagerhaus aus dem 18. Jahrhundert, die *Casa de Municion,* zu den Sehenswürdigkeiten der Stadt gehört. Der wohl berühmteste Sohn der Stadt war Andreas Segovia, der die Gitarre zum klassischen Instrument adelte. Ihm ist auch ein *Museum* gewidmet. Das wichtigste Museum von Linares ist aber ohne Zweifel in der Casa de Torrejon untergebracht. In diesem archäologischen Museum sind vor allem Funde aus den Ruinen von Castulo sehenswert. Auch das *Hospital San Juan de Dios* und der *Palacio de Zambrana* lohnen einen Besuch. Der wichtigste sakrale Bau ist die *Kirche Santa Maria.* Der Turm neben der Kirche gehörte einst zu der mächtigen Burg. Linares kann man sowohl mit dem Zug als auch mit dem Bus von fast allen Städten Andalusiens aus erreichen.

Bodenschätze

Historisches Lagerhaus

Museen

Sehenswürdigkeiten

Verbindungen

Im »Solpris« wohnt man preiswert und hat seine Bar direkt im Hause. Es liegt an der Ctra de Bailen bei km 119. Exklusiver ist das Drei-Sterne-Hotel »Anibal« an der C/Cid Compeador. Die Frau des berühmten Feldherrn Hannibal, an den der Name des Hotels erinnert, stammte aus dieser Gegend.

Unterkunft

MÁLAGA

Málaga ist mit 500 000 Einwohnern die zweitgrößte Stadt Andalusiens. Die Hauptstadt der Provinz ist die Drehscheibe der Costa del Sol. Trotzdem ist Málaga eher eine typisch spanische als eine von Touristen beherrschte Stadt. Der Mittelmeerhafen in der fruchtbaren Ebene

»Drehscheibe«

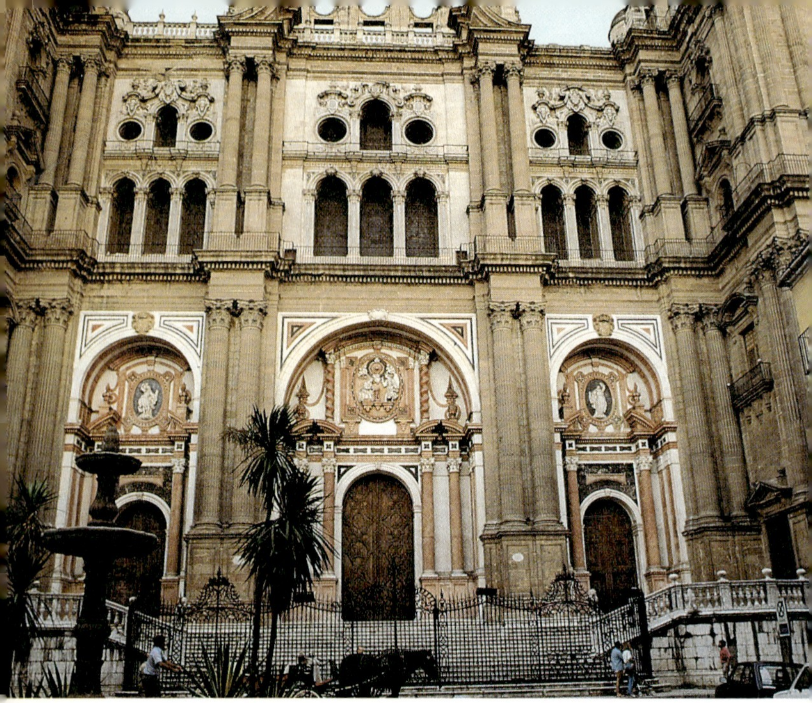

Bild oben: Málaga, Kathedrale

des Guadalmedina war seit seiner Gründung durch die Phönizier offenbar sehr begehrt. Griechen, Römer, Byzantiner, Normannen und Westgoten gaben sich hier die Klinke der Stadttore in die Hand. Da dies meist nicht kampflos geschah, ist an alter Bausubstanz nicht viel geblieben. Das *Castillo de Gibralfaro* über der Stadt ist folglich nur eine Ruine, wenn auch eine mit herrlicher Aussicht über die Stadt, den Hafen, die Küste und die Málaga umgebenden Berge. In der »Hosteria del Gibralfaro« kann man diesen Blick bei frischem Fisch und einer Flasche des berühmten Weines der Region Málaga genießen. Zum Essen ist dieser Wein allerdings reichlich schwer. Daher wird man keineswegs schief angesehen, wenn man sich den lokalen Wein für das Dessert aufhebt und zum Essen einen Rioja bestellt. An einem Teil der alten Stadtmauer entlang und durch schattige Gärten gelangt man zum etwas tiefer gelegenen *Alcazaba*. Die maurische Burg stammt aus dem 11. Jahrhundert, wurde

Gibralfaro

Hosteria

Alcazaba

im Mittelalter umgestaltet und in jüngster Zeit restauriert. Die blumengeschmückten Innenhöfe, die eleganten Hufeisenbögen, die Säle und Patios sind einladend gestaltet. Das in der Anlage befindliche *Archäologische Museum* bietet neben römischer und maurischer Kunst auch eine Keramiksammlung. Das Museum ist im Sommer von 10.00–13.00 Uhr und 16.00–19.00 Uhr, im Winter von 11.00–13.00 Uhr und 17.00–20.00 Uhr geöffnet. Vor der Burg wurde 1951 ein römisches *Amphitheater* von über 30 m Durchmesser freigelegt, in dem gelegentlich antike Dramen aufgeführt werden. Wenige Schritte weiter steht man vor einer der größten und imposantesten *Kathedralen* Spaniens. An dem Renaissancebau wurde über Jahrhunderte gearbeitet, nachdem die Vorgängerin im 17. Jahrhundert einem Erdbeben zum Opfer fiel. Trotz der langen Bauzeit ist einer der offensichtlich zwei geplanten Türme nie fertig-

Museum

Öffnungszeiten

Kathedrale

Bild unten: Málaga, Arena

gestellt worden. Das hat der Kirche den Namen

»Die Einarmige«

»La Manquita«, die Einarmige, eingebracht. Im Innern ist vor allem das hölzerne Chorgestühl beeindruckend. Die barocke Arbeit wurde mit Holz aus den überseeischen Kolonien hergestellt. Der sehenswerte Kirchenschatz ist von 10.00–13.00 Uhr und 16.00–17.30 Uhr zu besichtigen. Ebenfalls in der Nähe der Kathedrale, an der Plaza de la Merced, wurde der

Picasso

berühmteste Sohn der Stadt, *Pablo Picasso,* geboren. Daß er schon mit 15 Jahren seine Heimat verließ, nimmt ihm niemand übel. Das

Museum

Museo de Bellas Artes, in einem Renaissancepalast ganz in der Nähe, hat einige wenige frühe Werke des Meisters zu bieten. Ein Besuch dort lohnt trotzdem.

Die C/Molina Lario ist die Haupteinkaufsstraße

Altstadt

Málagas. Dort, im Herzen der *Altstadt*, ist alles etwas günstiger als in den Touristenhochburgen der Costa del Sol. Hier flanieren Touristen wie Malaguenos, bevölkern die Straßencafés und bummeln durch die kleinen Seitengassen. Viele davon sind Fußgängerzonen. In diesen engen Gassen, bis zur C/Marques de Larios, findet auch das Nachtleben Málagas statt. In

Informationen

der Nr. 5 dieser Straße bekommt man Informationen über Málaga und auch einen Stadtplan. Unterkünfte gibt es reichlich und in allen

Unterkunft

Preisklassen. Am stilvollsten wohnt man im »Parador Nacional de Gibralfaro«. Die preiswerteren Hotels und Pensionen findet man in den engen Gassen der Altstadt.

Aus allen Kneipen des Viertels dringt gegen-Abend der Geruch von Haschisch, das man als »Chocolate« angeboten bekommt. Nachdem der Konsum in Spanien einmal legal gewesen war, läßt es sich nunmehr schwer einschränken. → Polizei.

Die Kriminalitätsrate ist extrem hoch in Mála-

Vorsicht

ga. Vorsicht ist – besonders nachts – geboten. Noch etwas weiter westlich gelangt man auf den Markt. Er ist von einer Reihe preiswerter Restaurants umgeben. Die Altstadt wird durch die *Alameda Principal*, im weiteren Verlauf den

Hafen

Passo del Parque, vom Hafen getrennt. Der

Paseo del Parque ist eine verkehrsumtobte Oase des Schattens. Es gibt dort Cafés unter Palmen und ein bißchen Ruhe. Auch hier sind die Besucher meist Einheimische.

»Oase«

Am Paseo del Parque kan man auch Pferdekutschen mieten.

Kutschen

Da der gesamte Durchgangsverkehr Málagas durch die Innenstadt läuft, ist der Verkehr ständig kurz vor dem Zusammenbruch. Am östlichen Ende des Paseo steht die *Stierkampfarena*. Auf der anderen Seite endet die Alameda an der *Brücke,* die über das trockene Flußbett des Guadalmedina führt. Auf der anderen Seite beginnt die *Neustadt*. Dort liegen der Bahnhof und der neue Busbahnhof. Die Zugverbindungen von Málaga aus sind gut. Man hat Direktverbindungen zu allen Küstenstädten, sowie nach Jaen, Madrid, Sevilla und Cordoba. Sobald man die Route über Bobadilla nehmen muß, dauert die Fahrt etwas länger. Der Busbahnhof ist modern und übersichtlich gebaut. Es gibt Busse in alle Städte des Südens und in Europa. Aus dem *Hafen* fahren regelmäßig Fähren nach Tanger, Ceuta und zu den Kanarischen Inseln. *Strände* gibt es im Stadtgebiet von Málaga auch, aber sie sind nicht zu emp-

Stierkampfarena

Neustadt

Bild unten: Andalusische Mädchen in traditioneller Kleidung

Strände fehlen. Zum Baden sollte man an die Strände westlich der Stadt fahren.

Feste Málaga gilt als die Stadt der *Feste.* Es gibt kaum einen Monat, in dem es nichts zu feiern gibt. Das geht mit den »Winterfesten« im Januar und Februar los. Die Prozessionen der Karwoche sind landesweit bekannt und im Mai feiern die einzelnen Stadtteile ihre Feste. Erwähnt seien noch die Johannisnacht im Juni und die Prozession auf dem Meer im Juli.

Konsulat Sollte man in Málaga in Schwierigkeiten geraten, wendet man sich an die Konsulate der Bundesrepublik Deutschland, Paseo Limonar 28, oder der Schweiz, Puerta del Mar 8.

MARBELLA

Málaga Bei Marbella fällt jedem sofort der internationale Jet-Set, der Geld- und Erbadel ein, der diese Stadt zu dem gemacht hat, was sie heute ist. Die Stadt am Fuße der Sierra Blanca, 56 km von Málaga, hat heute über 80 000 Einwohner. Zu einem solchen Anziehungspunkt konnte die reichste Stadt Spaniens nur durch seine langen, feinsandigen *Strände* werden. La Fontanilla, El Fuerte oder Ancon ziehen sich über Kilometer hin. Beherrschender Eindruck bei der Einfahrt nach Marbella ist der ungebremste Bauboom. Allerdings wachsen die Wohntürme hier nicht in den Himmel und sind recht stilvoll.

Strände

Eine maurische Ruine thront über einer hervorragend erhaltenen, engen *Altstadt.* Als Teile der alten Stadtmauer sind zwei Wachtürme und eine Kirche erhalten geblieben. Im alten Fischerviertel wohnen inzwischen viele Afrikaner zur Untermiete. Dort findet man auch die günstigsten Pensionen. Rund um die malerische und immer strahlend weiße *Plaza de Naranjas* herum reihen sich in den engen Gassen der Fußgängerzone Boutiquen, Pubs und Restaurants aneinander. Dort findet auch ein Teil des erschwinglichen Nachtlebens statt. Zu den Parties des Jet-Set hat man nur höchst selten Zutritt. In den Nobeldiscos am Rande der Stadt

Altstadt

Plaza de Naranjas

Bild oben: Marbella, Hafen

ist man als »Normalverbraucher« auch nicht immer gern gesehener Gast. Die »Gesichtskontrollen« am Eingang sind oft unerbittlich. In der *Einkaufspassage* direkt am Strand sind auch nachts die Cafés und Pubs gut gefüllt. Marbella ist ein traditionell in britischer Hand befindlicher Badeort. Inzwischen haben sich aber viele holländische und deutsche Besucher dazugesellt. Das Flair ist äußerst international. In Marbella, scheint es, hat eine Rückeroberung durch die Araber stattgefunden. Viel Grund und Boden ist in arabischem Besitz, selbst Banken sehen manchmal wie orientalische Paläste aus. Marbella kann auch preiswert sein. Die Jugendherberge an der C/Trapiche, unweit von Altstadt und Fischerviertel, ist in einem ehemaligen Kloster mit großem Garten und Pool untergebracht. Noch etwas höher am Berg, viel teurer, aber luxuriöser ist allerdings das »Puente Romano«, das nach einer römischen Brücke über den Nagueles benannt ist. Sehenswert ist das *Rathaus* aus dem 16. Jahr-

Einkaufen

Internationales Flair

Jugendherbergen

Klöster

Jachthäfen

hundert mit seinen Wandgemälden und Holzvertäfelungen. Auch die Klöster »San Francisco« und »Trinidad« sowie das »Hospital San Juan de Dios« sind Alternativen zu den langen Stränden und hervorragenden Wassersportmöglichkeiten. Gleich drei *Jachthäfen* gibt es in Marbella. Einer davon ist der Puerto Banus. Er gehört zu der Siedlung Nueva Andalucia. In den Restaurants am Hafen blickt man auf Jachten der gehobenen Luxusklasse und speist excellent, muß aber schon tief in die Tasche greifen. Puerto Banus hat einige *Golfplätze* zu bieten und eine *Stierkampfarena*. Insgesamt gibt es davon drei in Marbella.

Auf den Hügeln um Marbella liegen ansehnliche Villen, deren Besitzer bekannte Namen tragen, beispielsweise die von Bismarcks, Hohenlohes, aber auch arabische Potentaten. Abgeschirmt von der Außenwelt bleiben sie unter sich. Das Volk amüsiert sich derweil auf dem Fest zu Ehren von San Bernabe vom 10. bis 15. Juni. Die Banken sind sehr häufig Initiatoren der verschiedenen Ausstellungen rund ums Jahr.

Fest

Verbindungen

Verkehrstechnisch ist Marbella durch regelmäßige Busverbindungen mit fast allen Orten an der Küste und dem näheren Inland verbunden. Von hier werden meist Ausflüge in die Reserva Nacional de Ronda oder nach → Ronda selbst unternommen. Über die C 337 gelangt man ins 28 km entfernte → Coin.

MIETWAGEN

Großes Angebot

Warum sollte man die beschwerliche Autofahrt nach Andalusien unternehmen, wenn es dort ein flächendeckendes System an Mietwagen aller gängigen Marken gibt? Die lokalen Anbieter sind, besonders außerhalb der Saison, flexibel in ihren Preisen. Bei der Berechnung des Endpreises sollte man die Mehrwertsteuer nicht vergessen. Auch die Kaskoversicherung muß man meist extra abschließen. Um einen Wagen zu mieten, muß man mindestens 23

Bedingungen

Jahre alt sein und den Führerschein seit einem Jahr besitzen. Diese Regelung wird jedoch nicht immer ganz streng eingehalten. Ab einer Woche Mietdauer wird der Preis für die Autos günstiger. Als Sicherheit werden Kreditkarten bevorzugt.

Führerschein

MIJAS

Der Ort von 28 000 Einwohnern liegt 8 km von → Fuengirola im Inland und 37 km von Málaga. Nach dort gibt es auch direkte Busverbindungen. Häufiger fahren Busse nach Fuengirola. Dadurch, daß Mijas nicht unmittelbar an der Küste liegt, hat es seinen arabischen Charakter erhalten können. Wie eine weißgetünchte Puppenstube sieht die *Altstadt* mit ihren Blumenkästen und den kunstvollen Gittern vor Balkonen und Fenstern aus. Besonders die C/San Sebastian ist ein Schmuckkästchen. Durch die Höhe über dem nahen Meer von 428 m hat man einen herrlichen Blick auf die Küste und die Sierra de Mijas. Einen stilvollen, aber etwas anstrengenden Ausflug in diese Gegend kann man von Mijas aus mit dem Esel machen. Ungewöhnlich ist die rechteckige *Stierkampfarena* der Stadt. Auch die kleine Kirche »Ermita del Puerto« lohnt einen Besuch. Den meisten Besuchern wird Mijas nur als Urbanisation Mijas-Costa bekannt sein. Dieser moderne *Badeort* liegt westlich von Fuengirola und bietet weite, sandige Strände. Wem es nicht genügt, im Mittelmeer zu baden, der findet hier mit dem *»Aqualand«* einen Wasserpark, der mit allem ausgestattet ist. Zum Wohnen bieten sich Hotels von einem bis zu fünf Sternen an. »El Mirlo Blanco« liegt zentral und ist für seine zwei Sterne recht preiswert. Den Service von fünf Sternen bekommt man dagegen im »Byblos Andaluz«. Die *Festlichkeiten* des Jahres beginnen bereits im Januar mit der Wallfahrt für den heiligen Antonius. Im September, anläßlich des Festes von Nuestra Senora de la Pena kann man sich gar zum »Eselskönig« wählen lassen.

Málaga

Altstadt

Eselsritte

Sehenswürdigkeiten

Strände

Unterkunft

Feste

Außerdem wird häufig getanzt und gesungen.

Alhaurin el Grande

Von Mijas ist es über die MA 485 nicht weit nach *Alhaurin el Grande*. Die fast 20 000 Einwohner leben in einem malerischen Tal, 239 m über dem Meer, an der Nordseite der Sierra de Mijas. Der Ort lebt auch heute noch von der Landwirtschaft. Besonders Zitrusfrüchte und Olivenhaine, aber auch Naturparks mit Vogelschutzgebieten bilden eine ebenfalls erholsame Alternative zur Küste.

Geschichte

Alhaurin el Grande war schon eine iberische Siedlung und wurde dann von den Römern besetzt. Diese hinterließen ein kleines Aquädukt. Auch einige Säulen auf dem Rathausplatz erinnern an die frühen Eroberer. Von dem Platz aus bietet sich ein schöner Blick auf das Hinterland. Nach den Römern waren die Mauren die neuen Herren. Einige Türme und ein Torbogen erinnern an diesen Abschnitt der → Geschichte. Die Bevölkerung hatte bei der Rückeroberung durch die Christen den Ort verlassen. Hier wurden jetzt glaubensstarke Christen angesiedelt. Von dieser Tradition erzählt auch die Karwoche mit den Theatervorführungen zweier

Sehenswürdigkeiten

Bruderschaften. Außerdem sind eine *Renaissancekirche* aus dem 16. Jahrhundert und die *»Casa de Sexmeno«* sehenswert.

MOJACAR

Almería

Die 20 000 Einwohner zählende Stadt Mojacar liegt im Nordosten der Provinz Almería, zwei Kilometer von der Küste entfernt. Terrassenförmig schmiegt sich die weiße Stadt an einen Hügel.

Wochenmarkt

Jeden Mittwoch findet dort ein Wochenmarkt statt. Die Urbanisation an der Küste wächst bei weitem nicht so weit in den Himmel wie in anderen Strandstädten der Costa del Sol. Hotels, Restaurants und Discotheken gibt es jede Menge, wobei die Disco »Pascha« den Vorteil bietet, daß man dort unter freiem Himmel sitzt. Natürlich wird jede Art von Wassersport ange-

Camping

boten. Der *Campingplatz* liegt etwas nördlich

in Richtung Garucha und heißt »El Cantal de Mojacar«. Es gibt auch eine *Parador* am Stand. Weit günstiger ist die Pension Simon an der C/ La Fuente.

Bild oben: In der Nähe von Mojacar

Die Nachbarstadt *Garrucha* besitzt zwar lange und breite Sandstrände, beherbergt aber auch ein großes Zementwerk in seinen Mauern.

Garrucha

MOTRIL

Nähert man sich der Stadt über die N 323 aus → Granada, wirkt die Altstadt Motrils wie eine arabische Medina. Die 40 000 Einwohner leben in erster Linie von der Landwirtschaft dieser fruchtbaren Gegend. Aber auch Industrie hat sich hier angesiedelt. Motril gehört zur Provinz Granada und ist 92 km von Málaga entfernt. Es besitzt einen bedeutenden *Hafen,* sowohl für Jachten als auch für Fischer.

Granada

Entlang der Küste, zwischen dem Cabo Sacratíf und Playa de Granada, liegen die *Strände*

Strände

Strände

Unterkunft

»Las Azuceñas«, »Del Puerto« und »El Poniente«. Dort, wie auch in der Stadt, findet man zwar keine ausgesprochenen Luxushotels, aber gute Mittelklasse-Herbergen. Nur wenige Kilometer in Richtung auf das 65 km entfernte Granada gelangt man in die → Alpujarras und die → Sierra Nevada.

Motril an der Costa del Sol lebt heute nicht schlecht vom Tourismus. Aber lange vorher schon verdienten viele Menschen ihr Brot als Arbeiter in der großen Raffinerie, in der das Zuckerrohr, das hier überall angebaut wird, verarbeitet wurde – und noch heute wird. Doch wohl keiner der hier Schuftenden wird wissen, wem er letztlich seinen Lohn verdankt. Die Mauren waren es nämlich, die das Zuckerrohr aus Afrika mitbrachten und an dieser Küste heimisch machten. Das spanische Wort für Zucker – azúcar – stammt aus dem Arabischen. Und auch unser Wort »Zucker« wird davon abgeleitet! Nach Spanien importiert wurden auch andere Landwirtschaftsprodukte – und die Begriffe dafür. So etwa die Orange, spanisch naranja, die Wassermelone (sandia), die Aubergine (berenjena) oder der café, der auch im Deutschen als Kaffee ein beliebtes Getränk bezeichnet.

NATIONALPARKS

Viele der bergigen und oft unwegsamen Regionen Andalusiens sind bereits zu Nationalparks erklärt worden. In der Provinz Jaén ist der von → Cazorla am eindrucksvollsten. Der größte der Parks ist der von Doñana, im Mündungsgebiet des Guadalquivir. Dort sammeln sich traditionell viele Vögel, um den Weg nach Afrika anzutreten. Es gibt auch noch Flamingos und viele andere ansonsten von der Ausrottung bedrohte Tier- und Pflanzenarten. Der Park besteht aus tiefem Sumpfgelände. In der Nähe der Costa del Sol sind die Parks → Cortes de la Frontera, Serrania de Ronda, Sierra de Tejeda und → Sierra Nevada interessante Ausflugsziele. Sie kann man von der Küste aus in Tagesausflügen erreichen. Die beste Zeit für den Besuch der Nationalparks ist das Frühjahr. Dann blüht und grünt es, während – wie auch höher in den Bergen – im Sommer fast alles

Doñana

Costa del Sol

verbrennt. Diese Nationalparks sind ideale, wenn auch teilweise anstrengende Wandergebiete. Achten Sie bitte besonders in diesem Gebiet darauf, die Natur nicht durch Ihre Abfälle und überflüssigen Lärm zu stören.

Wandern

NERJA

Nerja liegt ganz im Osten der Provinz Málaga, 51 km von der Hauptstadt entfernt. Die Einwohnerzahl ist mit 13 000 angegeben. Aber besonders im Sommer wohnen weit mehr Menschen in diesem beliebten Badeort. Wie fast die gesamte Küste ist auch Nerja vor Windeinfällen durch Gebirgszüge geschützt. Das macht den Aufenthalt an den 17 km langen *Stränden* um die Stadt angenehm. Sie heißen Playazo, Burriana, Caraveo, El Corillo, Calahonda und Salon. Dort wird jede Art von Wassersport angeboten. Die Strände sind sauber und das Wasser ist klar. Nerja hat sich mit Boutiquen, Geschäften, Restaurants und Hotels auf seine Besucher eingestellt. Die Zuckerrohrplantagen bestreiten nur noch einen geringen Teil des Unterhalts der Einwohner. Das Zuckerrohr wird übrigens unweit von hier zu weißem Rum gebrannt, weswegen dieser in den ungezählten Bars preiswert und in Menge angeboten wird. Das Nachtleben in Nerja ist munter und vielfältig. Vom »Balcon de Europa«, einer *Aussichtsterrasse* im Herzen der Stadt, bietet sich ein herrlicher Blick über die Küste. Gleich daneben kann man im *Parador* Nacional »El Tablazo« wohnen. Ein Spazierweg führt unter schattigen Bäumen hindurch. Das Informationsbüro liegt an der Puerta del Mar 4. Es ist nur im Sommer geöffnet.
Bekannt in aller Welt ist Nerja jedoch nicht in erster Linie wegen seiner Strände. Die *Höhlen* von Nerja sind etwa 60 000 Jahre alt. Schon vor fast 20 000 Jahren lebten dort Menschen. Diese über Jahrtausende gewachsene Höhle kann man mit oder ohne Führung besuchen. Sie wurde erst 1959 entdeckt und dient heute

Málaga
Strände
Einkaufen
Rum
Nachtleben
Aussicht
Information
Höhlen

Bild oben: Höhle von Nerja

auch als Schauplatz von Musik- und Tanzfestspielen. Die farbige Beleuchtung mag nicht jedermanns Geschmack sein, sie ist dennoch ebenso eindrucksvoll wie die Akustik. Die einzelnen Säle heißen »Krippe«, »Wasserfall«, »Gespenster«, »Erdumwälzung«. In einem Museum bei dieser »Kathedrale der Vorgeschichte« sind Wandmalereien und Keramiken zu bewundern. Die Höhlen können sogar mit einem Linienbus vom Busbahnhof in → Málaga angefahren werden. Sie sind vom 1. Mai bis zum 30. September von 9.30–21.00 Uhr, im Winter von 10.00–13.30 Uhr und 16.00–19.00 Uhr geöffnet.

Museum

Öffnungszeiten

Ganz in der Nähe befindet sich ein arabisches Aquädukt, dem aber kaum Beachtung geschenkt wird.

Feste

Anfang August finden in den Höhlen *Festspiele* statt. Eine Meeresprozession zu Ehren der Virgen del Carmen wird Mitte Juli geliefert. Fünf Kilometer östlich von Nerja, an der Grenze zur Provinz Granada, liegt *Maro*, das ist ein kleiner, beschaulicher Fischer- und Bauernort. Die Strände dort sind nicht so stark besucht wie in Nerja. Ansehen sollte man bei dieser Gelegenheit auch die Einsiedlerklause *Virgen de las Angustias* mit interessanten Wandmalereien aus dem 18. Jahrhundert.

Maro

Einsiedlerklause

Wenn es im Sommer zu heiß wird, kann man sich in die *Berge* der Sierra de Tejeda zum Wandern zurückziehen. Von Nerja aus erreicht man mit dem Bus → Granada und alle Städte an der Küste.

Berge

Verbindungen

ÖFFNUNGSZEITEN

In den nächsten Jahren stehen im Zuge der Angleichung an die EG Veränderungen bevor, die jeder Spanier in seinem Tagesablauf spüren wird. Bislang machen Banken und Geschäfte selten vor 9.00 Uhr auf. Mittags um 13.00 Uhr ist schon wieder alles geschlossen und geöffnet ist dann im allgemeinen erst wieder gegen 16.00 Uhr. *Geschäfte* schließen gegen 20.00 Uhr. Die besagte Angleichung wird über kurz oder lang dazu führen, daß zumindest im Dienstleistungssektor die lange Mittagspause stark gekürzt wird. Spanien ohne Siesta. Europa verlangt harte Opfer. *Banken* sind zur Zeit nur vormittags, dafür aber auch an Samstagen offen. Auch die *Post* arbeitet Samstag vormittags und unter der Woche auch abends bis 19.00 Uhr. *Museen* haben meist montags und am Sonntagnachmittag geschlossen. In den Lebensmittelgeschäften, besonders in den kleinen, kann man oft bis 22.00 Uhr einkaufen. An der Costa del Sol und in den großen Städten gibt es auch Läden, die 24 Stunden durchgehend offen haben.

Geschäfte

Banken

Museen

24 Stunden

OSUNA

Osuna liegt an der N 334 zwischen Granada und Sevilla, in der Provinz Sevilla und knapp 100 Kilometer von der Hauptstadt Andalusiens entfernt. Schon die *Iberer* gründeten hier mit der Stadt »Urso« eine bedeutende Siedlung. Die *Römer* fügten einen Zirkus und eine Nekropolis hinzu. Einige der historischen Funde der Umgebung sind im *Historischen Museum* der Stadt zu besichtigen. Das Museum ist im Torre

Sevilla

Geschichte

Museum

Altstadt · *Universität* · *Museum* · *Souvenirs* · *Unterkunft* · *Verbindung*

del Agua, einem Teil der alten Stadtmauer, untergebracht. Die *Altstadt* der 16 000 Einwohner zählenden Gemeinde gilt als die am besten erhaltene in der Provinz. Sehenswert sind die *Paläste* »de los Condes de la Gomera«, »de Cepeda« und »de Puente Hermoso«. Die alte *Universität* ist ein Renaissancebau, der durch seine geraden Linien und sein schmuckloses Äußeres auffällt. Ebenfalls aus der Zeit der Renaissance, unverkennbar mit italienischem Einfluß, ist die *Stiftskirche* Santa Maria de la Asuncion. Der *Konvent* »de le Encarnacio« beherbergt ein Museum und die *Kirche* Santo Domingo einen herrlichen Altar. Informationen über den Ort erhält man an der Plaza Mayor. Zu den typischen Souvenirs der Gegend zählen Keramikarbeiten. Im Mai findet ein *Markt* und am 8. September ein *Fest* zu Ehren von San Arcadio statt. Das günstigste Hotel der Stadt ist das »Caballo Blanco« an der C/de Granada 1, das teuerste, das »El Molino« an der Ctra Sevilla–Málaga bei km 88, das aber auch nur einen Stern hat. Osuna ist mit dem Bus von Sevilla und von Granada aus zu erreichen.

PARADORES

Staatlich geführt · *Málaga* · *Torremolinos*

Zugegeben, es ist nicht ganz billig in einem Parador zu wohnen, aber es lohnt sich schon wegen der Atmosphäre. 17 dieser staatlich geführten Luxushotels gibt es in Andalusien. Die meisten davon sind in historischen Gebäuden untergebracht. Der Standard der Hotels liegt zwischen vier und drei Sternen. Zu denen mit drei Sternen zählt der Parador »Gibralfaro« in → *Málaga*. Mit nur 23 Betten ist es sehr klein. Daher empfiehlt es sich dort, wie auch in anderen Paradores, die Zimmer zeitig zu bestellen. Im Gibralfaro wird außer der schönen Lage nicht viel geboten. Sportlicher geht es da schon im modernen »Parador del Golf« in *Torremolinos* zu. Man kann unter der Anschrift »Apartado 324« eines der 40 Zimmer mieten. Zum Vier-Sterne-Hotel gehört ein Strand, Pool,

Golfplatz und ein weitläufiger Garten. Klimaanlage und Restaurationsbetriebe sind in den Paradores ohnehin Standard. Tennis spielen kann man im »Parador de Nerja« in → *Nerja*. Auch Pool und Strand gehören dort dazu. In den beiden Enklaven → *Ceuta* und *Melilla* gibt es je einen Parador. In *Granada* wohnt man im »Parador San Francisco« in einem zum Alhambra-Komplex gehörenden ehemaligen Kloster aus dem 15. Jahrhundert. Auch den Ausflug in das Skigebiet der *Sierra Nevada* kann man mit einem Aufenthalt in einem staatlichen Luxushotel krönen. Im Sommer bietet sich dort Tennisspielen als Alternative zum Skifahren an. In → Jaén und → Ubeda wohnt man hochherrschaftlich in Palästen. Das »Castillo de Santa Catalina« in *Jaén* ist wohl wegen des Pools um einen Stern besser bewertet als der Palast »Condestable Davalos« in Ubeda. Unweit der Stadt, im Nationalpark von → *Cazorla,* liegt der Parador »El Adelante« in herrlicher Umgebung. In *Córdoba* bietet der Parador »La Arruzafa« ein großes Freizeitangebot mit seinem Schwimmbad, Garten und den Tennisplätzen. Man findet ihn an der gleichnamigen Straße. In *Cádiz* gibt es gleich zwei Paradores, einmal das moderne »Hotel Atlantico« an der C/Duque de Najera 9 und das »Casa del Corregidor« an der Plaza de España. In den meisten Paradores sorgen sehr gute Restaurants für das leibliche Wohlergehen des Gastes.

Nerja

Granada

Sierra Nevada

Jaén

Cazorla

Córdoba

POLITIK

Nach dem Tode des langjährigen Diktators Franco 1975 hat Spanien eine rasende Entwicklung in Richtung Europa genommen. Nachdem die Christdemokraten unter Adolfo Suarez die ersten Wahlen gewonnen hatten, regiert seit 1982 Felipe Gonzalez von der Sozialistischen Partei (PSOE) das Land. Die ständige Gefahr eines Putsches durch das Militär brachte ihn zur Umkehrung seiner früheren Position. Gegen erheblichen Widerstand aus den

Franco

PSOE

eigenen Reihen und eines großen Teils der Öffentlichkeit führte er Spanien über ein Referendum in die Nato. Der Beitritt zur EG war danach nur konsequent. Die vollmundig angekündigte Landreform 1985 brachte jedoch keine einschneidenden Veränderungen der Besitzsituation. Besitzlose Landarbeiter blieben weiterhin abhängig, Großbauern behielten ihre Haziendas.

Nato und EG

Die PSOE ist jetzt schon lange an der Regierung und hat sich einen dichten Filz von Protektionen und Abhängigkeiten geschaffen.

Besonders in den Wahlkämpfen geraten Familien-Clans wie die Guerras in Sevilla unter öffentlichen Beschuß, weil sie die Stadt zunehmend als ihr Privateigentum betrachten. Doch die wirtschaftlichen Erfolge von Gonzalez, der übrigens auch aus Sevilla stammt, haben ihm eine unbestreitbar große Popularität eingebracht.

Die PSOE hat sich, seit sie an der Regierung ist, aber immer mehr in Richtung Sozialdemokratie entwickelt. Willy Brandt gilt als der politische Ziehvater von Gonzalez.

Linke

Die linke Opposition, besteht aus den stark dezimierten Kommunisten und den Sozialisten. Die Anarchisten, in Spanien eine politische Gruppierung mit Tradition, haben mit der CGT ihre eigene Gewerkschaft. Die politische Mitte ist so sehr von der PSOE besetzt, daß die eher

Konservative

konservative Mitte es schwer hat, die Regierung anzugreifen. Von Rechtsaußen droht zwar immer noch Francos Ex-Minister Manuel Fraga, aber Rückhalt in der Bevölkerung hat er nicht mehr so recht. Spanien wird auch weiterhin seine Arme gegenüber ausländischem Kapital und »know how« geöffnet halten, dabei aber einen Teil seiner traditionellen Eigenschaften möglicherweise einbüßen. Seit dem

Regionen

Ende der Diktatur haben einige Regionen eine Art Autonomie von Madrid erhalten. Während es jedoch im Baskenland, und sporadisch auch in Katalonien, mehrfach zu gewaltsamen Aktionen für eine weitere Unabhängigkeit kommt, ist der Süden weniger separatistisch.

POLIZEI

Die verschiedenen Einheiten der Polizei erkennt man an den Uniformen. Die Policia Municipal in den blauen Uniformen regelt den Verkehr. Dabei wird sie von einer Abteilung der Guardia Civil unterstützt, die an den hellgrünen Uniformen erkennbar ist. Hellbraun sind die Polizisten der Policia Nacional gekleidet. Sie patrollieren in Gruppen und oft zu Fuß durch die Stadt. An sie wendet man sich, bei einem → Diebstahl. Die Guardia Civil ist wegen ihrer faschistischen Vergangenheit bei großen Teilen der Bevölkerung noch immer als brutal verschrien; sie trägt dunkelgrüne Uniformen und schwarze Lackkappen.

Polizia municipal

Guardia Civil

Policia Nacional

In keinem anderen Land in Europa werden auf der Straße so viele Drogen angeboten und konsumiert wie in Spanien. Das liegt zum einen an seiner Nähe zu Marokko und zum anderen an seinen traditionell engen Beziehungen zu Südamerika. Besonders in den großen Städten wird sehr viel Haschisch geraucht. Obwohl die Polizei nicht durchzugreifen scheint, ist vom Besitz und vom Konsum jedwelcher Drogen dringend abzuraten. Gegen die Einfuhr von Drogen aus Marokko wird mit strengen Kontrollen vorgegangen.

POST

Die Post arbeitet zuverlässig. Briefe und Karten brauchen in die Bundesrepublik Deutschland höchstens fünf Tage. Im »Correos«, dem Postamt, gibt es Briefmarken – »sellos« genannt – an gesonderten Schaltern. Man kann sie aber auch in »estancos«, also Tabakläden kaufen. Bei postlagernden Sendungen nach Spanien darf der Vermerk »Lista des Correos« nicht fehlen. Briefe und Karten kosten 45 Peseta. Postämter sind Mo. bis Fr. von 9.00 bis 13.00 Uhr und von 16.00 bis 19.00 Uhr geöffnet. Samstags haben sie vormittags Schalterstunden.

Briefmarken

Postlagernd

Öffnungszeiten

RONDA

Málaga

Die 32 000 Einwohner zählende Stadt in den Bergen genießt einen legendären Ruf. Die Anfahrt vom 97 km entfernten Málaga über die C 344 ist kurvenreich und nicht besonders gut ausgebaut. Schön ist diese Variante dennoch. Besser dem regen Autoverkehr angepaßt ist die N 339, die bei → Marbella von der N 340 abbiegt. Auf den ebenfalls kurvigen 50 Kilometern dieser Strecke durchquert man bereits die

Serania de Ronda

Serania de Ronda, das die Stadt umgebende wilde Bergland. Ronda ist eine dreigeteilte Stadt. Sie liegt in 750 m Höhe. Informationen und Pläne bekommt man an der Plaza de España.

Neustadt

Die *Neustadt* im Norden ist nicht besonders spektakulär. Hier befinden sich allerdings die meisten Hotels und Pensionen. Allein die *Stierkampfarena* hat historische Bedeutung. Ronda gilt als der Geburtsort des modernen

Bild unten: Ronda

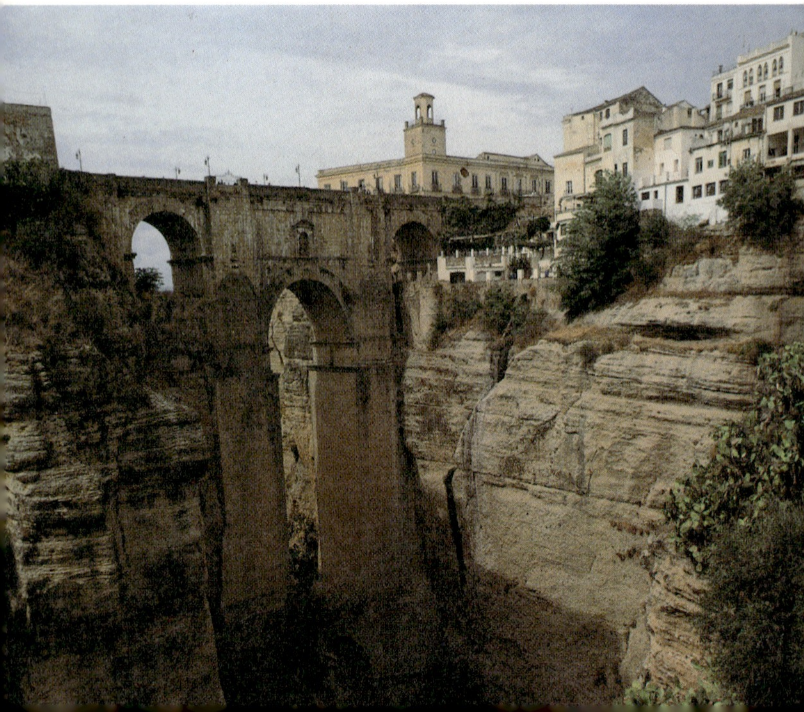

Stierkampfes zu Fuß. In der ältesten Stierkampfarena Spaniens, sie wurde schon 1874 errichtet, haben zunächst die Romeros und später die Ordonez wahre Blutbäder angerichtet. Tausende von Stieren tötete allein der Gründer der Torrero-Dynastie Romero. In der Nähe der Arena befindet sich der *Park* Alameda del Tajo. Er gibt den Blick frei auf die 100 Meter tiefe und 500 Meter lange Tajo-Schlucht und den Guadalevin, der diese Schlucht grub. Sie wird überspannt von der Puente Nuevo, der neuen Brücke aus dem 18. Jahrhundert, die lange Zeit als technische Meisterleistung galt. Den schönsten Blick auf die Brücke muß man sich auf einem steilen Fußweg ins Tal erwandern. Er beginnt auf der anderen Seite der Brücke in der *Altstadt*. Diese ist ein wahres Schatzkästchen an historischen Bauten. Dabei ist der bei weitem größte Teil der arabischen Gebäude nach der christlichen Rückeroberung 1485 zerstört worden. Geht man hinter der Brücke rechts entlang, gerät man bald auf die Plaza de Campillo. Von hier beginnt man den Abstieg auf den Grund der Tao-Schlucht. Der Mondragon-Palast ein Stück weiter war einst maurisch, diente dann den Katholischen Königen als Residenz. Die blumengeschmückten Innenhöfe sind arabischer Herkunft, das Renaissanceportal kam im 18. Jahrhundert dazu. Neben dem Palast befindet sich das *archäologische Museum*. Dort sind Funde von Kelten und Phöniziern als frühere Bewohner der Gegend zu bewundern. In der *Kirche* Santa Maria, im Herzen der Altstadt, treffen viele Stilrichtungen aufeinander. Im gotisch gestalteten Innenraum fallen das Renaissance-Chorgestühl und der barocke Hochaltar ins Auge. Der Glockenturm im Mudejar-Stil ist ein prächtiges Wahrzeichen Rondas geworden. In dem arabischen Palast »Casa de los Gegantes« wird dem Besucher deutlich, daß Ronda einst Hauptstadt eines Zwergkönigreichs war. Dieser Umstand erklärt die fast komplette Zerstörung der Stadt nach langer Besetzung. So ist denn auch der *Alcazaba*, die maurische Burg ganz im Süden

Älteste Arena

Park

Schlucht

Altstadt

Abstieg zur Schlucht

Museum

Kirche

Wahrzeichen

Alcazaba

der Altstadt, nur eine Ruine. Durch die Puerta de Almocabar aus dem 13. Jahrhundert betritt

Ältester Stadtteil

man den Stadteil San Francisco, den ältesten der drei Teile Rondas. Die mittelalterliche Stadtmauer ist stark renoviert worden.

Wieder in der Nähe der Puente Nuevo kann man sich jeden Tag (außer Dienstag und am Sonntag nur vormittags) einen Eindruck vom Lebensstil früherer Tage machen. Im *Salva-*

Paläste

tierra-Palast aus dem 16. Jahrhundert gibt es Möbel und Gemälde zu besichtigen. Die *Casa del Rey Moro,* Residenz arabischer Potentaten, dagegen steht leer. Dafür sind die Gärten umso sehenswerter. In der Nähe führen zwei

Brücken

weitere *Brücken* von der Altstadt weg. Die römische Puente de San Miguel und die maurische Puente Viejo sind beide weit älter als die Puente Nuevo. Über die Puente Viejo gelangt man zu den arabischen *Bädern,* die von der hohen Alltagskultur der Araber künden. Im Mai

Bild unten: Ronda

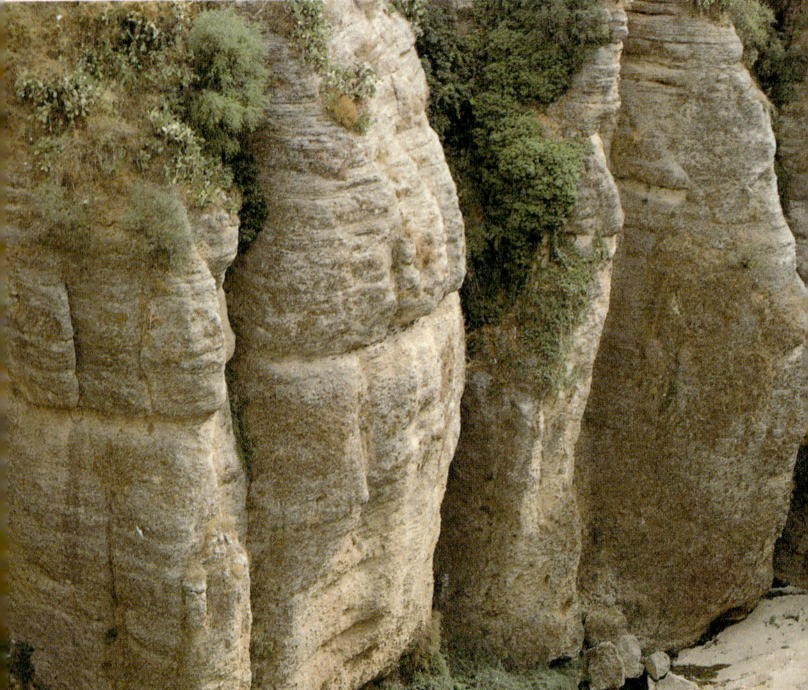

und September finden in Ronda *Jahrmärkte* statt. Ebenfalls im September sind die Matadore bei der Corrida de toros goyeska in Kostümen aus der Zeit Goyas gekleidet. Der Maler war ein großer Anhänger des Stierkampfes. In diesem Monat findet auch ein Festival für Flamencogesang statt.

Jahrmärkte

Goya

Ronda verfügt über einen Bahnhof, von welchem aus regelmäßig Züge nach Sevilla, Córdoba und Madrid fahren. Die Zugstrecke nach Algeciras führt durch fast unbesiedeltes und verkehrstechnisch völlig unerschlossenes Gebiet. Busverbindungen gibt es zu allen größeren Städten Andalusiens wie Sevilla und Granada. Schon die Anreise macht neugierig auf die landschaftlichen Schönheiten der Bergwelt. Die berühmten *Dolmen* von Chopo, nur wenige Kilometer von Ronda entfernt, sind kulturgeschichtlich ebenso interessant wie die Höhlen von Pileta. Sie liegen südlich von Benaojan, das man sogar mit dem Zug erreichen kann. Auch das kleine Städtchen ist malerisch. Die *Tropfsteinhöhlen* mit ihren Tierzeichnungen befinden sich noch immer in Privatbesitz und sind im Sommer von 9.00–14.00 Uhr und 16.00–19.00 Uhr geöffnet. Gerade renoviert wird das *Amphitheater* der römischen Stadt Acinipo auf der Hochebene von Ronda la Vieja.

Bahnhof

Dolmen

Höhlen

Amphitheater

ROQUETAS DE MAR

Roquetas de Mar ist die größte Urbanisation der Costa de Almería, 18 km westlich der Provinzhauptstadt. Hier scheint die Zeit stehengeblieben zu sein- und zwar in den bauwütigen 70er und 80er Jahren. Und jedes Jahr werden die Schatten der immer größeren Hotels länger. Was den schönen Kiesstrand und die Möglichkeiten zum Wassersport angehen, hat die Siedlung allerhand zu bieten.

Almería

Strand

Selbstverständlich gibt es einen Jachthafen und einen »Club Nautico«. Tennisplätze finden sich allenthalben und auch die Golfer können hier gekonnt einlochen.

Hafen

Sport

Markt

An jedem zweiten und vierten Samstag im Monat ist Markt. Es ist eben für fast alles gesorgt. Und abends geht in den Discotheken der Tag erst richtig los.

Unterkunft

Mit drei Sternen ist das »Playamar« zur Zeit das nobelste der Hotels in der Urbanisation Roquetas de Mar. Das kleine Hostal »Frao« am Hafen hat nur über den Sommer geöffnet. Das Hotel »Moya«, C/La Norteta 1, ist preiswert und liegt zentral.

Verbindungen

Zwischen Málaga und Almería pendeln ständig Busse die Küste entlang.

Der eigentliche Ort Roquetas liegt knapp drei Kilometer im Landesinneren und lebt von der Landwirtschaft. Plastikfolien bestimmen das Bild der Landschaft um die kleine Stadt. Diese verhindern das schnelle Verdunsten des raren Wassers.

Ausflüge

In die nahe und über 2200 m hohe Sierra de Gadór kann man interessante Ausflüge machen.

SALOBRENA

Granada

Salobrena nennt sich selbst den »Strand von Granada«. Und das nicht nur deshalb, weil der Ort 92 km östlich von Málaga tatsächlich zur Provinz Granada gehört, sondern auch das Ziel vieler Ausflügler aus der Provinzhauptstadt ist.

Provinzstadt

Der kleine Ort ragt, zwei Kilometer von der Küste entfernt, als weiße Kuppe aus einer besonders im Frühling grünen Umgebung. Die Gegend rund um Salobrena wird landwirtschaftlich genutzt. Überragt wird Salobrena von der Ruine einer eindrucksvollen, maurischen Burg.

Urbanisation

Am grobsandigen Strand des Städtchens sind die an der ganzen Costa del Sol üblichen Urbanisationen entstanden, die auch hier ein von der benachbarten Stadt unabhängiges Leben führen.

Unterkunft

So findet man am Stadtstrand »El Penon« neben vielen Appartementhäusern auch einen Campingplatz und mit dem »Mirazul« ein gutes Restaurant. Und am Abend bietet sich dort die Disco »Bambu« für einen fröhlichen

Tagesausflug an. Etwas außerhalb, in der Urbanisation Alfamar, ist das Restaurant »La Fagota« mit einem schönen Ausblick und guter Küche eine empfehlenswerte Adresse. Mit drei Sternen ist das Hotel »Salobrena«, bei km 341 der N 340, das beste am Orte. In Salobrena liegen die preiswertesten Pensionen an der C/Nueva.

Restaurant und Unterkunft

Mit dem Bus kann man von der Stadt aus die gesamte Costa del Sol und über Motril auch regelmäßig das nur knapp 70 km entfernte → Granada erreichen.

Verbindungen

SAN PEDRO DE ALCÁNTARA

Málaga

Irgendwie merkt man San Pedro die Nähe zum 10 km entfernten Marbella sofort an. Auch hier haben sich viele Prominente niedergelassen. Die Stadt mit 20 000 Einwohnern gehört verwaltungstechnisch tatsächlich Marbella an. Bevor man durch einen Hain direkt bis zu den *Stränden* hinuntergeht, sollte man in den Resten der *römischen Siedlung* Silniana die Thermalbäder bewundern. Noch eine sehr alte Ruine ist die *Basilika* »Vega del Mar« in Linda Vista. Sie war schon zu Zeiten der Westgoten ein sakraler Ort. Den zahlreichen hier angesiedelten *Golfplätzen* soll bald ein eigener Jachthafen folgen.

Strände

Basilika

Golf

Zwischen all dem Neuen wirkt das Alte zuweilen wie Dekoration, diese Wirkung scheint beabsichtigt. Vielleicht gibt es auch deshalb in der Gegend so viele Antiquitätengeschäfte.

Auch ein *Stausee* gehört zu dieser Ortschaft. Selbstverständlich gibt es auch in San Pedro eine *Stierkampfarena*.

Arena

Mit dem Bus kann man den Ort aus dem 66 km entfernten Málaga ebenso schnell erreichen wie Estepona auf der anderen Seite. In San Pedro zweigt die C 339 in Richtung → Ronda ab. Sie führt auf gut ausgebauter, aber kurvenreicher Straße durch ein romantisches *Bergland*. In der Sierra Bermeja gewinnt man schnell an Höhe und kann herrliche Ausblicke genießen.

Berge

SEVILLA

Hauptstadt

Die lebendige Hauptstadt Andalusiens war über Jahrhunderte im Mittelpunkt der Geschichte. Man sieht es der 600 000 Einwohner zählenden Metropole auf den ersten Blick an.

Lage

Sevilla liegt sehr verkehrsgünstig, 214 km von Málaga, 150 km von Cádiz und 140 km von Córdoba in der fruchtbaren Ebene des Guadalquivir. Über ihn und einen Kanal ist Sevilla mit dem Atlantik verbunden. Damit ist sie die einzige Binnenhafenstadt Spaniens.

Torre del Oro

Der *Torre del Oro,* 1220 als Teil der Stadtmauer gebaut, wacht noch heute über den Fluß. Golden, wie der Name sagt, ist er allerdings schon lange nicht mehr.

Klima

Sevilla ist durch die heißen, trockenen Sommer geprägt. Die ganze Stadt ist wie ein Sonnendach gebaut oder gepflanzt.

Geschichte

Die Araber, die den Stil des heutigen Sevilla entscheidend beeinflußten, waren nicht die ersten, die hier ein »Paradies auf Erden« fanden. Schon Phönizier, Römer und Westgoten hatten von der Fruchtbarkeit der grünen Hügel um die Stadt profitiert. Lange Zeit war Sevilla Hauptstadt eines Reiches, in dem die Sonne nicht unterging.

Bild unten:
Sevilla

Noch davor hatten die Mauren, besonders die Almohaden-Dynastie, für eine Blütezeit der Stadt gesorgt. Das meistbestaunte Bauwerk dieser Zeit, das Wahrzeichen der Stadt, ist die *Giralda,* ein Minarett auf römischem Fundament. Der Turm wurde im 12. Jahrhundert errichtet, der Glockenstuhl und das Standbild der »Fides« stammen aus dem 16. Jahrhundert. Die *Kathedrale* daneben ist das größte Gotteshaus Spaniens und das drittgrößte der Welt. Es wurde, wie damals im 15. Jahrhundert üblich, auf der ehemaligen Hauptmoschee errichtet. Der atemberaubende Hochaltar ist nicht die einzige Sehenswürdigkeit dieses gotischen Baus. Die Capilla Real, die Krypta und der Domschatz in der Sakristei sind ebenso ein Muß für den Besucher. Auch der ruhige Innenhof, »Orangenhof« genannt, hat seinen Reiz.

Blütezeit

Wahrzeichen

Kathedrale

Sehenswürdigkeiten

Das Gebäude gegenüber der Kathedrale ist die »Casa Lonja«, *Börse und Archiv* der Kolonisierung der Neuen Welt, von der Sevilla stark profitiert hat. An der Avda de la Constitucion, auch in der Nähe, bekommt man in der Touristeninformation Stadtpläne und Broschüren. Ein Stück die breite Allee hinauf ist auch das prächtige Rathaus aus dem 16. Jahrhundert einen Besuch wert. Das schönste Viertel Sevillas ist das um den *Alcazar* entstandene Barrio Santa Cruz. Hier liegen viele kleine Hotels, Restaurants und Bars an kleinen Plätzen. Es ist nicht immer leicht, am Abend das Hotel wieder zu finden, denn die Gassen sind verwirrend miteinander verbunden. Die Enge ist eine Folge der großen Sommerhitze, die sich nur im Schatten ertragen läßt. Am Alcazar fällt zunächst die Mudejar-Fassade ins Auge, bevor man durch die Innenhöfe »de las Doncellas« und »de las Munecas« in den »Salon de Embajadores« gelangt. Zum Paseo de Ribera hin liegen die grünen Gärten des Alcazar. Sie sind getrennt von den Gartenanlagen und Straßencafés des Paseo. Geschützt durch hohe Bäume gelangt man zur Placa Don Juan de Asturia mit dem größten aller Kolumbus-Denkmale. Biegt man hier in die C/San Fernando, steht

Börse und Archiv

Alcazar

Innenhöfe

Kolumbus-Denkmal

Alte Tabakfabrik

man vor der alten Tabakfabrik, die heute Teil der Universität ist. Neben der Fabrik liegt das eleganteste Hotel von Sevilla, das »Alfonso XIII.«. Hinter der Plaza Don Juan de Asturias wird einer der größten und schönsten der vielen *Parks* der Stadt sichtbar.

Park

Es scheint, als wären die *Patios* hier in Sevilla erfunden worden. Jedenfalls gibt es hier einige prachtvolle Beispiele in den Palästen »Casa de Pilatos« am gleichnamigen Platz und »Las Duenas«. In der Nähe des Guadalquivir und des Bahnhofs nach Córdoba ist das *Museum der bildenden Künste* ein Genuß für Kunstliebhaber. Es ist in einem ehemaligen Kloster untergebracht und bezieht daraus seinen eigenen Charme. Ebenfalls am Fluß steht unübersehbar die *Stierkampfarena*. Sevilla blickt auf eine lange Tradition dieses Rituals zurück.

Museum

Arena

Die Karwoche wird nirgends auf der Welt stilvoller gefeiert als in der Hauptstadt Andalusiens. Es ist eine Woche der Prozessionen und Stierkämpfe. Das Fest der Feste ist aber die »Feria de Abril« bei der es eine Woche lang drunter und drüber geht. Das größte aller Feste erwartet Sevilla 1992: die Expo. Schon heute ist das meistgebrauchte Wort der Stadt »obras« – Bauarbeiten.

Feste

Verbindungen

Selbstredend ist Sevilla durch Bahn und Bus mit ganz Spanien verbunden. Auch die lichtdurchflutete »Campina de Sevilla«, das *Umland,* ist mehr als einen Ausflug wert. Innerhalb eines Tages läßt sich eine Schleife fahren, deren erstes Ziel Carmona ist. Die 1000-jährige Stadt 38 km von Sevilla war von Karthagern gegründet worden. Deren Stadtmauer wurde von Römern und Mauren umgestaltet. Ein rein römischer Teil liegt zwischen den Toren »Puerta de Córdoba« und »Puerta de Sevilla«. Die Kirchen von San Blas, Santiago und San Felipe sind im Mudejar-Stil gebaut, Santa Maria ist gotischen Ursprungs und San Pedro ein barockes Gotteshaus.

Tagesausflug

Unterkunft

Wohnen kann man am schönsten hoch über der Stadt im ehemaligen Alcazar, der heute ein Parador Nacional ist. Informationen zur Stadt bekommt man an der Plaza Mayor. Die bekannteste Sehenswürdigkeit von Carmona ist eine römische Nekropole. Der Rundkurs führt weiter nach El Viso del Alcor, 11 km hinter Carmona und 31 km von Sevilla. Den Namen verdankt die kleine Stadt dem herrlichen Blick, den man von hier aus genießen kann. Die Kirchen Santa Maria de Alcor und de la Merced locken mit Gemäldesammlungen. Informationen gibt es im Rathaus an der C/Convento. Weiter geht die Fahrt nach Alcala de Guadaira, 20 km von Sevilla. Die kleine Stadt wird überragt von einem Alcazar, dessen elf massive Türme die Stadt wie Spielzeug aussehen lassen. Am Fluß kann man noch Wassermühlen aus arabischer Zeit sehen.

Nekropole

Aussicht

Informationen

SEVILLA (PROVINZ)

Die Provinz Sevilla teilt sich in die Landschaften nördlich und südlich des Guadalquivir. Nördlich dieser Lebensader geht es hinauf in die *Sierra Morena.* Südlich des Flusses ist das Land hügelig und fruchtbar. Selbst im Winter fallen die Tagestemperaturen dort kaum unter 15 Grad. Im Süden reicht die Provinz fast bis nach → *Jeréz de la Frontera.* Die nähere Umgebung ist bereits unter → Sevilla beschrieben. Folgt man der N 334 nach Osten, gelangt man hinter *El Arahal* auf die N 333. Von dort sind es nur knapp acht Kilometer bis *Marchena,* einem Städtchen am Rio Corbones, 59 Kilometer von Sevilla entfernt. Römische Funde, darunter eine Nekropole, machen den Ort kulturgeschichtlich bedeutsam. Der sehenswerteste Teil der alten Stadtmauer ist der »Arco de Rosa« aus dem 13. Jahrhundert. Die malerische Plaza Ducal steht vollständig unter Denkmalschutz. An sakralen Gebäuden bietet sich hier eine ansehnliche Stilvielfalt. Stilrichtungen von der Gotik, wie bei der Kirche *Santa Maria de la Mota,* bis hin zu von Azteken und Inkas beeinflußten Bauwerken wie der Barockkirche *San Augustin* finden sich hier. Das örtliche

Geographie

Jeréz de la Frontera

Marchena

Stilvielfalt

Kunstmuseum — *Kunstmuseum* stellt unter anderem eine Reihe von Zurbaran-Bildern zur Schau.

Unterkunft — Das Zwei-Sterne-Hotel »Los Angeles« liegt an der Ctra Sevilla–Málaga bei Kilometer 67.
Gut essen kann man im »Los Muleros« an der C/de San Ignacio.

Verbindung — Verkehrstechnisch ist Marchena mit Bus und Bahn an alle großen Städte des Südens angebunden. Folgt man der N 334 über → *Osuna* hinaus, stößt man kurz vor der Grenze zur Provinz Córdoba auf *Estepa*. Der 10 000 Einwohner zählende Ort liegt in 600 m Höhe, 110 Kilometer von Sevilla entfernt. Estepa lebt von der Landwirtschaft und der Leichtindustrie. Über die steilen Gassen der Altstadt gelangt man zum Torre de Homeaje im ehemaligen Alcazar. Auch Teile der historischen Stadtmauer sind noch erhalten. Sehenswert sind der Palast der Marqueses de Cerverales, die Kirche Santa Maria aus dem 15. Jahrhundert und der Altar von Santa Clara, einer Kirche des 17. Jahrhunderts.

Estepa

Unterkunft — In Estepa hat man die Wahl zwischen den Zwei-Sterne-Hotels auf der Avda de Andalucia und den einfacheren Hostales an der Ctra Sevilla–Málaga. Der nächste Bahnhof liegt südlich der Stadt bei Pedrera. Mit dem Bus ist Estepa ständig mit Sevilla und Málaga verbunden.

SIERRA NEVADA

Granada — Wer würde im Zusammenhang mit Andalusien schon an Skifahren denken? In der Provinz Granada ist es möglich, einen Tag im Schnee zu genießen und sich danach am Strand auszuruhen. Die Sierra Nevada beginnt nur etwa 30 km von der Küste bei → Motril. Am einfachsten ist es, die N 321 bis nach Granada zu nehmen und von dort über die GR 420 zum Wintersportort Sierra Nevada weiter zu fahren. Von Granada besteht auch eine regelmäßige Busverbindung in die Sierra Nevada. Drei Skilifte bringen den Besucher bis in den Mai hinein

Auto

Bus

in die Skigebiete. Die Straße führt hinauf auf den *Pico Valeta,* mit 3392 m der zweithöchste Berg des spanischen Festlandes. Größer ist nur noch der *Mulhacen,* auf den man vom Pico Valeta aus einen herrlichen Blick hat. Im Sommer führt die Straße, allerdings als schwer zu befahrende Schotterpiste, weiter in die südliche Sierra Nevada, die → Alpujarras. Weitere nützliche Einzelheiten über die Sierra Nevada erfährt man im Informationsbüro an der Plaza Pradollano oder bereits in → Granada. Die Plaza Pradollano ist das Zentrum des Ortes Sierra Nevada. Um ihn herum liegen auch die meisten Hotels. Wegen der Exklusivität des Ortes muß man natürlich allenthalben mit höheren Preisen rechnen.

Pico Valeta

Alpunjarras

Informationen

SPRACHE

Die Römer hatten ihre Sprache, zeitlich gestaffelt, überall nach Europa gebracht. Die verschiedenen romanischen Sprachen wie Spanisch, Portugiesisch und Italienisch sind damit quasi weiterentwickelte, »lebende« Dialekte der lateinischen Sprache. In Spanien kommt zusätzlich der Einfluß des Arabischen durch die lange Herrschaft der Mauren zum Tragen. Spanisch ist nach Chinesisch und Englisch die am häufigsten gesprochene Sprache der Welt. Es existieren in Spanien noch andere Sprachen, wie das Katalanisch. Auch Andalusier haben einige sprachliche Eigenheiten, an denen man sie von den »Hoch-spanisch« sprechenden Kastiliern unterscheiden kann.

Latein

Arabisch

Katalanisch

Spanier beherrschen selten eine andere als ihre eigene Sprache. Daher empfiehlt sich, für den Spanienbesuch ein paar Vokabeln zu lernen oder vielleicht sogar einen Sprachkurs zu belegen.

Grundwortschatz

Granada und Málaga beherbergen die meisten Sprachschulen Andalusiens. An der Costa del Sol jedoch hat man als deutschsprachiger Urlauber kaum Verständnisschwierigkeiten. In vielen Restaurants und Bars warten die Kellner

Sprachschulen

Costa del Sol

gar nicht, bis man seine Worte richtig geordnet hat und fragen gleich auf deutsch, was man wünscht.
Wirklichen Kontakt zu Spanien bekommt man allerdings nur, wenn man wenigstens ein bißchen Spanisch spricht und sich um eine einigermaßen korrekte Aussprache bemüht.

STRÄNDE

Sommer

Strände sind es, die die Besucher in Südspanien suchen. Und sie finden sie hier in jeder gewünschten Länge und Qualität. In den Sommermonaten scheinen aber auch die endlosen Strände Andalusiens noch zu klein für die Zahl der Besucher. Nur in wenigen Abschnitten der Küste sind die Strände auch im Sommer nicht überlaufen. Dazu gehören jene auf der Halbinsel → Cabo de Gata in der Provinz Almería. Dieses Kap gehört noch fast exklusiv den Campern, Wildcampern und anderen Individualtouristen. An der übrigen Costa del Sol wechseln Sand- und Kiesstrände, die im Winter, wie auch die meisten Urbanisationen, wie ausgestorben wirken und allein von den Einheimischen genutzt werden.

Winter

Allerdings ist die Wassertemperatur im Winter zum Baden für die meisten mit 14 bis 16 Grad zu kalt (→ Klima). In Marbella herrscht das ganze Jahr über reger Betrieb. Da Marbella sein Image als exklusiver Badeort pflegt und über nahezu unbegrenzte Geldmittel verfügt, gibt es dort auch ausreichend Kläranlagen. Ansonsten läßt die Wasserqualität in der Nähe größerer Ortschaften gelegentlich zu wünschen übrig. Kolibakterien machen das Wasser zwar nicht trübe, schädlich sind sie aber dennoch.

Marbella

Atlantikküste

Anders ist die Situation der Atlantikküste. Selbst in der Hochsaison ist die → Costa de la Luz bei weitem nicht so voll wie die Mittelmeerstrände. Zudem handelt es sich dort fast durchgängig um breite, lange Sandstrände. Bei starkem Ostwind, Levante genannt, sucht

Bild oben: Strand bei Nerja

man am besten den Schutz der Häuser auf und kleidet sich fester. Aber zum Surfen ist dieser ständige Wind hervorragend geeignet, er sorgt für einmalige Surfbedingungen, wenn auch nur für Könner.

Windschutz

Sowohl die gesamte Costa del Sol als auch die Costa de la Luz sind durch Bergzüge vor kalten Nordwinden geschützt. Südliche Winde bringen gelegentlich die Lufttemperaturen auf Höhen, die sonst nur in der Sahara herrschen. In diesen Fällen bedeuten sogar die sommerlichen Wassertemperaturen des Mittelmeeres von 25 Grad eine Erfrischung. Die Wassertemperaturen des Atlantiks erreichen auch im Sommer höchstens 22 Grad.

Wasser-temperaturen

STIERKAMPF

Bedeutung

Mit welcher Einstellung man auch immer dem umstrittenen Stierkampf gegenübersteht, so sollte man doch als Spanienbesucher seinen Hintergrund kennen.

Anhänger

Bei der »Corrida«, dem Stierkampf, handelt es sich weder um Sport noch um Kampf. Es ist ein Ritual. Der Anhänger heißt »aficionado«. Berühmte Beispiele dieser Spezies waren Picasso und Hemingway. Die heutige Form der Cor-

Pedro Romero

rida entstand im 18. Jahrhundert. Der in → Ronda geborene Pedro Romero (1754–1839) entwickelte die Regeln des heutigen Stierkampfes zu Fuß. In seiner eigenen Karriere tötete er mehr als 5000 Stiere eigenhändig. In seiner 1831 gegründeten Schule legt er großen Wert auf Nüchternheit der Ausstattung und Mut des Matadors. Andere Schulen, wie die von Sevilla, gaben dem Prunk der Veranstaltung eine größere Bedeutung. Ein Stierkampf teilt sich quasi in Akte. Der erste, »Tercio de varas«, dient dazu, den Stier zu reizen. Das besorgen die »Peones« zu Fuß und mit der »capa«, einem roten Tuch. Sollte der Stier reagieren, verschwinden sie allerdings sofort hinter schützenden Balustraden. Der zweite Akt heißt »Suerte de varas«. Jetzt reizt der »picadore« den Stier mit einer Lanze. Das geschieht vom Rücken eines gepanzerten Pferdes aus. Während des »Tercio de Banderillas« sticht der »banderillero« dem Stier Lanzen in den Nakken. Das ist nicht ganz ungefährlich, da er dem Tier ungeschützt entgegentritt. Das »Ultimo Tercio« kann man als letzten Akt bezeichnen. In ihm reizt der Torero den Stier mit dem Scharlachtuch, der »muleta«, bis er ihm den Degen durch die Schulterblätter ins Herz sticht. Der Todesstoß heißt »estocada«. Mißlingt er, verliert der Torero an Ansehen.

Verlauf

Estocada

TANGER

Marokko

Es ist nur ein kleiner Sprung hinüber nach Afrika. Von → Algeciras und → Tarifa aus kann man sich hineinstürzen in den geballten Orient. Mit dem Geldwechseln sollte man warten, bis man in Marokko ist. Die *Medina* mit ihren engen und verwinkelten Gassen ist ein Erlebnis für sich. Hier werden noch Handwerke ausgeübt, die auf der anderen Seite des Mittelmeers schon längst ausgestorben sind.

Medina

Handeln

Will man etwas kaufen, muß man auch handeln, auch das gehört zur Atmosphäre. Und wenn der Verkäufer sich gleich beim ersten

Versuch unwirsch abwendet, war es ein Berber. Sonst sollte es ein leichtes sein, Waren auf die Hälfte ihres Preises zu drücken. Zwischendurch sollte man sich immer mal wieder Zeit nehmen für einen Tee aus frischer Minze oder eine gemütliche Wasserpfeife. Zu solchen Pausen eignet sich die Petit Socco am besten, ein Platz im Zentrum der Medina. In der Nähe dieses Platzes findet man die Hotels.

Pausen

Petit Socco

Mächtig erhebt sich die *Kasbah* über die Altstadt. In ihr residierte einst der Sultan. Heute beherbergt die Burg ein kleines Kunstmuseum. Der zweite Treffpunkt ist die *Grand Socco*, außerhalb der Medina am Medoubia-Garten. Dort findet auch der farbenfrohe Gemüsemarkt statt. Aus den Garküchen um den Platz herum schmeckt es am allerbesten. Die Märkte sind ein weiteres Erlebnis für die Sinne. Sie finden sich alle in der Nähe der Grand Socco. Etwas gemäßigter geht es im »Le Detroi« an der Mauer zur Kasbah zu. Der Blick von dort oben ist hervorragend, gut ist auch das Essen. Zentrum der *Neustadt* ist der Plaza de France. Das dortige Café de Paris ist ein internationaler Treffpunkt. Von Tanger aus kommt man mit Bus oder Taxi überall nach Marokko.

Kasbah

Grand Socco

Märkte

Café de Paris

TARIFA

Wie → Cádiz hat auch Tarifa seine exponierte Lage am äußersten südlichen Ende Europas vor allem Eroberungen und Zerstörungen eingebracht. Die Geschichte des Fleckens geht bis in die Steinzeit zurück. Als Stadt macht Tarifa Cádiz den Rang als älteste Stadt Europas streitig. Phönizier, Griechen und Römer trieben hier Handel. Anfang des 8. Jahrhunderts war die Stadt das Einfallstor für die berittenen maurischen Heere. Von dort aus begannen sie einen Feldzug, der erst kurz vor Paris zum Stehen gebracht wurde. Von den Mauren stammt auch die *Burg*. Sie ist eines von wenigen historischen Gebäuden, die alle Schlachten um die Stadt überstanden haben. Dabei sind die älte-

Cádiz

Geschichte

Burg

sten Bauwerke der Gegend noch nicht einmal freigelegt. *Bolonia* Bei *Bolonia,* nur wenige Kilometer westlich, liegt eine römische Siedlung fast unausgegraben unter den Dünen des nahen Strandes. Daß eben diese breiten, sandigen *Strände* Strände rund um Tarifa noch nicht annähernd so bebaut sind wie an anderen Küsten, hat zwei Gründe. Zum einen beginnt direkt hinter dem Strand militärisches Sperrgebiet, das nur an wenigen Stellen durch öffentliche Wege durchbrochen wird. Zum anderen herrscht in *Wind* Tarifa ständig ein kräftiger Wind. Diesen verdankt die Stadt der Lage unmittelbar hinter der Straße von Gibraltar. Dieses »Windloch Europas« hat nun eine ganz spezielle Spezies von Besuchern angelockt – die Windsurfer. Hier sollten schon an durchschnittlichen Tagen die »Baggersee-Surfer« ihre Bretter gar nicht erst auspacken, denn bei starkem Ostwind sind *Nur für Könner* auch Cracks stark gefordert. Der Levante bringt an guten Tagen Windstärken von sechs bis zehn Beaufort mit sich. An diesen Tagen gehen nur noch geübte Surfer auf das Wasser. Deren artistischen Einlagen kann man sich am *Strandbar* besten von einer Strandbar westlich Tarifas aus ansehen. Viele Surfer verbringen Monate hier und bauen sich ihre Bretter selbst. Tarifa hat 3000 Sonnenstunden im Jahr bei einer *Klima* durchschnittlichen Jahrestemperatur von 17 Grad. Die Sommer sind mit Temperaturen um 35 Grad sehr warm, im Winter fällt das Quecksilber selten gegen Null. Die meisten Niederschläge fallen im Herbst und im Winter. Gegen die kälteren Nordwinde wird Tarifa durch bis zu 700 m hohe Hügel landeinwärts geschützt.

Die Stadt lebt vom Fremdenverkehr, vom Fischfang, der Herstellung von Fischkonserven und von der Landwirtschaft. Die Stadt teilt sich *Altstadt* in eine Neustadt und eine abgeschlossene Altstadt. Die Gassen dort sind so eng und steil, daß man das Auto am besten außerhalb parken sollte. Erstaunlich wenige der weißen Wohnhäuser sind Hotels oder Restaurants. Die maurische Burg und die alten Stadtmauern liegen direkt neben dem heutigen *Hafen*. Von dort fahren täglich außer sonntags um 9.30 Uhr Fähren nach → Tanger in Marokko. In der Altstadt sind auch die *Kirchen* San Mateio und San Francisco sehenswert. Romantisch in einem *Patio* speisen läßt sich im »El Patio« an der C/N. S. de la Luz. Direkt am stadtnahen Strand von Los Lances liegt das Fischrestaurant »La Urta«.

Hafen

Kirchen

Restaurants

Von der N 340 aus Cádiz gehen vor Tarifa mehrere Straßen hinunter zu Campingplätzen, Hotels, Windsurfschulen, Bars und meist recht einsamen Stränden. Die erste dieser Straßen führt nach *Zahara de los Atunes*, einem vergessenen Fleckchen Erde mit herrlichem Strand und nur wenigen Übernachtungsmöglichkeiten. Nur ein unscheinbares Schild verweist auf *Bolonia*. Dort liegt die *römische Siedlung* Baelo Claudia. Die noch andauernden Ausgrabungsarbeiten können täglich außer montags besichtigt werden. Diesen Besuch kann man mit einem Bad am nahen *Strand* verbinden. Von Bolonia sind es noch 18 km bis Tarifa. Große Schilder weisen auf verschiedene Surfparadiese hin. Bei *Casas Porro* passiert man außerdem die noch nicht freigelegte römische Stadt Melaria. Vier Kilometer vor Tarifa verweist ein Schild auf das »Sanctuario N. S. de la Luz«, eine kleine *Basilika* mit Kreuzgang aus dem 14. Jahrhundert.

Zahara de los Atunes

Römische Siedlung

Strand

Casas Porro

Basilika

Von der Busstation in Tarifa gehen täglich acht Busse nach Cádiz, neun nach Algiceras und zwei nach Sevilla. Für die Mobilität vor Ort hält Fun-Car Tarifa an der C/Batalla de Salado Motorräder und Autos zu mieten bereit. Motorisiert geht es dann auch leichter nach *Facinas*, einem kleinen Bergdorf östlich von Tarifa und etwas abseits der N 340. Auch die *Küste* östlich Tarifas hat ihren landschaftlichen Reiz.

Verbindungen

Bergdorf

TAXI

In der Stadt ist das Taxi allemal eine nervensparende Alternative, sowohl zum eigenen

Auto als auch zu den öffentlichen Verkehrsmitteln. Taxifahren ist nicht teuer in Spanien. Innerhalb einer Stadt wird kaum mal mehr als umgerechnet DM 4,– auf dem Taxameter stehen; man sollte unbedingt darauf achten, daß dieser vor der Fahrt angestellt wird. Bei Überlandfahrten muß man den Preis vorher aushandeln. Die meisten Taxis sind schwarze oder weiße Seat mit grünen oder roten »Bauchbinden«; an einem grünen Licht auf dem Dach erkennt man, daß sie frei sind. Dann kann man sie vom Straßenrand aus heranwinken. Es gibt auch Funktaxen. Sich mit anderen auf der gleichen Strecke ein Taxi zu teilen, ist üblich.

Günstig

Überlandfahrten

TELEFONIEREN

Das Telefonieren aus und nach Spanien ist in den letzten Jahren erheblich einfacher geworden. Aus fast allen Hotels und den Fernsprechern mit dem Aufdruck »internacionales« kann man direkt in das Ausland anrufen. In den Büros der »Telefonica« gibt es geschlossene Kabinen. Bei einem Auslandsgespräch wählt man zunächst 07. Nach dem Ertönen eines Dauertons gibt man den Ländercode, also 49 für die Bundesrepublik Deutschland, 34 für die DDR, 43 für Österreich und 41 für die Schweiz, an. Es folgt die lokale Vorwahl ohne die Null am Anfang und dann die Rufnummer. Zwischen 22.00 und 8.00 Uhr sind die Gebühren niedriger.

»Telefonica«

Durchwahl

TORRE DEL MAR

Der überaus beliebte Badeort, der 32 km von Málaga entfernt ist, entstand aus der griechischen Siedlung Mainake. Diese wurde von den Karthagern zerstört. Von der langen, ereignisreichen Geschichte des heute 7000 Einwohner zählenden Städtchens erzählen die phönizischen Funde in der Nähe. Diese gehören zu den ältesten ihrer Art. Heute ist Torre del Mar

Málaga

Geschichte

ein klassischer Badeort. An dem vier Kilometer langen Strand, der zum Ort gehört, kann man jede Art von Wasser- und Unterwassersport betreiben. Mit eigenem Pool ist das Hotel »Myrian« an der Avda de Andalusia ausgestattet. An dieser Hauptstraße findet man das Turismo-Büro. Günstiger sind das »Cordoba« und das »Loimar« in der zentralen C/Santa Margarita 7. Zwischen dem 23. und dem 26. Juli finden Meeresprozessionen zu Ehren der heiligen Anna statt. Nicht nur zu dieser Gelegenheit sollte man die Spezialität des Ortes, die Bratfische, probieren. Den Durst, den man darauf unweigerlich bekommt, kann man in den Bars und Discotheken löschen, die in Strandnähe liegen. Torre del Mar gehört eigentlich zu der drei Kilometer weiter landeinwärts liegenden Gemeinde → Velez Málaga. Nach dort und zu fast allen Orten an der Costa del Sol bestehen regelmäßige Busverbindungen.

Badeort

Unterkunft

Spezialität

Verbindungen

TORREMOLINOS

Wenn der Name Torremolinos fällt, dann geschieht das meist im Zusammenhang mit J. Mitcheners Roman »Die Kinder von Torremolinos«. Die Einwohnerzahl von 35 000 entspricht der eines kleinen Städtchens. In der Tat wirkt Torremolinos im Winter mitunter wie verlassen. Nur dann haben die Einheimischen die neun Kilometer *Strände* fast für sich. Im Sommer sind La Carihuela, El Bajondillo, Montemar und Lido mit internationalem Publikum dicht belegt. Die direkte Anbindung an Europa läuft über den nur acht Kilometer entfernten Flughafen von Málaga. Selbstredend beherrschen internationale Gepflogenheiten die Geschäfte auf der Hauptstraße San Miguel. Boutiquen, Pubs, Flamenco-Bars, Discotheken und Kunstgewerbehandel akzeptieren fast ausnahmslos Kreditkarten aus aller Herren Länder. Hinter der Betonfassade am Strand verbirgt sich ein malerisches Gesicht in den Vier-

Málaga

Strände

Flughafen

Einkaufen

Malerisches Viertel

Wassermühlen · *»Aqua-Park«* · *Nachtleben* · *Unterkunft* · *Sport* · *Verbindungen* · *Ausflüge*

teln Bajondillo und El Calvario. Man sieht sogar noch einige der alten *Wassermühlen,* die der Stadt bei ihrer Gründung im 19. Jahrundert den Namen gaben. In einem der guten Fischrestaurants des Fischerviertels Carihuela erinnert man sich, daß auch Torremolinos ehemals von Landwirtschaft und Fischerei gelebt hat. Heute ist der Besucher dank des *»Aqua-Parks«* auch bei schlechtem Wetter gut aufgehoben. Meist aber strahlt die Sonne. Die *Gärten* des Stadtteils Montemar bieten dann ein farbenfrohes Bild. Das Nachtleben von Torremolinos ist weithin gerühmt. Wie bei den nächtlichen Vergnügungen hat man auch bei den Unterkünften die Qual der Wahl. Luxusklasse stellt das »Melia Torremolinos« an der Avda Carlotta Alessandri 109 dar. Sehr dazu im Gegensatz steht das kleine Hotel »Villa Vienna« in der C/Pelgros. Natürlich kann man in Torremolinos jede Art von Wassersport betreiben. Daneben gibt es einige Golfplätze und auch Pferde kann man mieten. Zwischen 6.00 und 24.00 Uhr fahren alle 30 Minuten Züge nach Málaga und Fuegirola. Die Zugstation heißt »La Nogalera«. Auch Busse verkehren häufig und bedienen die gesamte Costa del Sol. Ausflüge in die Sierra de Teijeda und die → Sierra Nevada ergänzen die vielfältigen Möglichkeiten dieses Ortes.

TORROX

Málaga · *Geschichte* · *Seide*

Nur vier Kilometer im Landesinneren liegt die 11 000 Seelen zählende Gemeinde Torrox. Auf den ersten Blick ist sie als andalusische Stadt zu erkennen. Weiße Häußer prägen das Bild. Schon von den Römern wurde sie gegründet, wovon eine Nekropolis und Thermalbäder noch heute zeugen. Gar ein ganzes Dorf wurde in der Nähe des Leuchtturms gefunden. Die Araber haben hier die Seidenspinnerei eingeführt. Der weltweite Handel mit dem edlen Tuch brachte Torrox Wohlstand. Damals war die Seide Haupteinnahmequelle, heute lebt die Stadt von den Besuchern. Trotzdem werden die

Bild oben: Torrox

sehenswerten Kirchen »Virgen de las Nievas« aus dem 16. und »de la Encarnacion« aus dem 18. Jahrhundert nicht allzu häufig besucht. Die meiste Zeit verbringt der Gast an einem der nahen *Strände* von Torrox-Costa. An den acht Kilometer langen Stränden El Morche, Faro, Penoncillo und Calaceite reiht sich heute ein Hotel an das andere.

Strände

Verbindungen

Regelmäßige Busverbindungen gibt es ins acht Kilometer entfernte → Nerja und nach → Málaga.

TRINKEN

Bier

Nach wie vor gilt Rotwein als das typisch spanische Getränk schlechthin. In den Bars wird allerdings inzwischen fast mehr Bier als Rebensaft getrunken. Und die »cerveza« ist, auch für einen verwöhnten Kenner, durchaus wohlschmeckend, vorausgesetzt sie ist kalt.

Wein

Dessertwein

Die Weine unterscheiden sich nach der Region. Der *Wein* aus der Provinz Málaga ist süß und schwer. In guten Restaurants wird man daher Verständnis haben, daß der Gast zum Hauptgang nicht die lokalen Weine verköstigt, sondern eher Rioja-Weine. Zum Dessert sind die Málaga-Weine dann wieder genau das

Sherry *Kellereien* *Weinproben* *Sangria*

Richtige. Eine Spezialität Andalusiens ist der *Sherry*. Er wird aus den Weinen der Provinz Cádiz hergestellt. Sherry stammt aus → Jeréz de la Frontera. Dort haben alle großen Anbieter riesige Lager, in denen auch Besucher immer gern gesehen sind. In der Tat gibt es keine Tagesausflüge nach Jeréz, ohne daß man dort eine der großen *Kellereien* besichtigt. In den Bars der Region wird der meist sehr trockene Sherry auch aus Fässern ausgeschenkt. Die Region von Sevilla ist für ihren eher trockenen Wein bekannt. *Weinproben* kann man in den Bodegas jeder größeren Stadt machen. Bodegas sind Weinkeller mit Ausschank. Auch in der *Sangria,* einem erfrischenden Getränk aus Orangen- und Zitronensaft, ist Rotwein enthalten. Meist wird das Getränk mit Weinbrand angerichtet und ist nur mit äußerster Vorsicht zu genießen. Besonders tagsüber sollte man, besonders bei starker Sonneneinstrahlung, den Alkoholkonsum minimieren. Gerade an der Costa del Sol bieten sich als Alternative frische *Fruchtsäfte* an. Außerdem ist es ratsam, immer eine größere Flasche *Mineralwasser* im Hotel zu haben, da das Leitungswasser in den Städten oft nicht einmal zum Zähneputzen verwendet werden sollte.

Fruchtsäfte *Wasser*

TRINKGELD

Zurückhaltung *Restaurant* *Taxi* *Hotel*

Im allgemeinen sollte man zurückhaltend mit der Vergabe von Trinkgeld sein. Wenn der Chef persönlich hinter dem Tresen steht, ist diese Zugabe nämlich sogar eine Beleidigung. Fünf Peseta kann man beim Verlassen des Cafés auf dem Tisch liegenlassen. In Restaurants werden fünf bis zehn Prozent Trinkgeld gegeben. Bei Taxifahrten rundet man den Betrag vorsichtig nach oben auf. Gepäckträger und Platzanweiser bekommen etwa 25 Peseta, Hotelpersonal wie Portier und Zimmermädchen bekommen einmalig etwa 100 Peseta. Auch Automechaniker erwarten nach getaner Arbeit ein Trinkgeld.

UBEDA

Ubeda zählt 50 000 Einwohner und liegt nur 10 km von → Baeza und etwa 50 km von der Provinzhauptstadt → Jaén entfernt. Innerhalb der alten Stadtmauern, also in den Vierteln, die mit *»Zona Monumental«* ausgeschildert sind, ist die Stadt ein einziges Museum. Besonders die vielen Renaissancepaläste hinterlassen den Eindruck, in ein überdimensionales Freilichtmuseum geraten zu sein. Das eine Zentrum der Altstadt ist die Plaza Vazquez de Molina. Neben den *Palästen* »Manueles«, »Mancera« und »Salvates« ist die *Renaissancekirche* San Salvador besonders zu erwähnen. In einem der Paläste, dem Parador »Davalos«, kann man auch wohnen. Das heutige *Rathaus* im Palast »Las Cadenas« verbirgt einen schönen Innenhof. Im Rathaus bekommt man Informationen und Stadtpläne. Auch der *Patio* des Hospital del Savador ist einen Blick wert. Überhaupt sollte man, soweit es geht, gelegentlich in die *Innenhöfe* der Paläste schauen. Die Kirche der Santa Maria ist im Inneren noch gotisch, die Fassade stammt aus dem 18. Jahrhundert. Das Viertel *San Pablo* gruppiert sich um die gleichnamige Kirche aus der Zeit der Rückeroberung. Mit einem gotischen, einem romanischen und einem arabischen Tor spiegelt sie die wechselvolle Geschichte der Stadt eindrucksvoll wider. In der C/Cervantes sei die Aufmerksamkeit auf ein *Mudejar-Haus* gelenkt, in dem heute das archäologische Museum untergebracht ist.

Jaén

Zona Monumental

Altstadt-Zentrum

Informationen

Innenhöfe

Museum

Ob San Nicolas früher eine Synagoge, eine Moschee oder gar beides war, ist nicht mehr mit Sicherheit festzustellen. Die Kirche wurde gründlich im gotischen Stil ausgebaut. Noch älter ist der hohe Glockenturm aus dem 13. Jahrhundert. Wichtigstes Gebäude dieses Stadtteils aber ist das *Hospital de Santiago* aus dem 16. Jahrhundert. Als »Nationales Baudenkmal« wird es dem berühmten Kloster »El Escorial« gleichgestellt.

Hospital de Santiago

Die meisten der wenigen Hotels findet man auf

Unterkunft

Neustadt

der C/Ramon y Cajal. Die Neustadt wächst etwas unförmig um den alten Kern herum und ist ohne jedes Interesse für den Besucher. Von

Verbindungen

Ubeda aus verkehren ständig Busse nach Baeza und Jaén. Auf der N 322 geht es weiter ins 32 km entfernte Villacarrillo. Auch Ausflüge in das Naturschutzgebiet von → Cazorla haben ihren Reiz.

UNTERKUNFT

Hauptsaison

In der Hauptsaison sollte man nicht an die Costa del Sol fahren, ohne vorher ein Hotel gebucht zu haben. Es gibt zwar jede Menge in allen Komfortklassen, aber die Costa del Sol ist eben auch ein sehr beliebtes Reiseziel. Hotels werden mit Sternen beurteilt. Zu welcher Kategorie das Haus zählt, steht am Eingang angeschlagen. Bei den günstigen Unterkünften geht

»F«

es mit den Fondas los. Diese haben keinen Stern, sind mit »F« gekennzeichnet und werden vielfach längerfristig vermietet. Sie entbehren jeden Komfort, sind aber äußerst preiswert und daher immer ausgebucht. Ein- und Zwei-Sterne-Hotels gehören noch zu den günstigen Unterkünften. Sie sind meist mit »CH« für Casa Huespedes, »P« für Pension oder »HR« für Hostal Residencia gekennzeichnet. Die Mittelklasse beginnt und endet bei drei Sternen. Vier- und Fünf-Sterne-Hotels bieten dann jeden gewünschten Luxus.

»CH«
»P«
»HR«

Paradores

Am schönsten wohnt es sich in den zu Hotels umgebauten historischen Gebäuden, die als → »Paradores« staatlich verwaltet werden.

VEGETATION

Große Teile des Südens sind landwirtschaftlich genutzt. Besonders in den »Vegas«, also bewässerten Tälern, wächst bei subtropischem Klima nahezu alles. Zitrusfrüchte, Wein und Oliven beherrschen ganze Landstriche. Wälder gibt es nur wenige in Küstennähe. Dort gedei-

»Vegas«

»Wälder«

hen vor allem Pinien und verschiedene Arten von Kiefern. In den kahlgeholzten Bergen finden sich Bestände an Korkeichen, Kiefern und Pinien. Die Mandelblüte ist im Februar an der östlichen Costa de la Luz ein beliebtes Naturschauspiel. Artenvielfalt mit ausgedehnten Mischwäldern gibt es fast nur noch in geschützten Naturparks. Dort leben auch noch von der Ausrottung bedrohte Tiere.

Bild oben: Orangen-Hain

Mandelblüte

Naturparks

VELEZ BLANCO

Velez Blanco liegt im nördlichen Zipfel der Provinz Almería, 128 Kilometer von der Provinzhauptstadt entfernt. Auf einem Hügel über der Stadt ist die Burg derer von Velez weithin sichtbar. Sie stammt aus dem 16. Jahrhundert. Velez Blanco ist eine sogenannte »typisch andalusische« Stadt. Ganz in der Nähe sind die *»Cuevas de Letreros«* zu besichtigen. Allerdings muß man eine Führung im Rathaus der

Almería

»Cuevas de Letreros«

Velez Rubio

Stadt beantragen. Die prähistorischen Felsmalereien jedenfalls sind es wert, gesehen zu werden. Im benachbarten *Velez Rubio* ist vor allem die byzantinische Kirche und die Cuevas de las Estalactitas in der Nähe besuchenwert.

VELEZ-MÁLAGA

Málaga

Die phönizische Gründung Velez-Málaga liegt nur 4 km von → Torre del Mar und 34 km von Málaga am Fuße der Sierra de Tejeda. Bevor es zu einer Stadt von heute 50 000 Einwohnern wurde, waren die Römer, Westgoten und Mauren hier durchgezogen. So stehen die Ruinen der arabischen Festungsmauern auf römischem Fundament. *Zentrum* der Stadt ist der Plaza de España. Er wird beherrscht von der spätgotischen Kirche San Juan, die zunächst im 15. Jahrhundert gebaut und später erweitert wurde. Daher erklärt sich der Mudejarturm und das barocke Retabel über dem Altar. Die Plaza de España ist Teil der Stadterweiterung des 16. und 17. Jahrhunderts. Von dem Platz aus hat man eine schöne Aussicht auf das fruchtbare Umland. Die Gemeinde lebt in erster Linie von den Erträgen der *Landwirtschaft.* Weingärten und Olivenhaine bestimmen das Bild.

Zentrum

Landwirtschaft

Das Rathaus ist in dem Palast derer von Veniel untergebracht und sehenswert.

»Arabisches« Viertel

Seinen arabischen Charakter zeigt Velez-Málaga am stärksten im Viertel *»Arabal de San Sebastian«*. Aber auch das romantische »Barrio de la Villa« bietet Sehenswertes wie die *Wallfahrtskirche* Santa Maria de la Mayor. Einst von den Westgoten gegründet und dann als Moschee benutzt, wurde die Kirche im 15. Jahrhundert neu gebaut. Dort findet auch ein Teil des *Marienfestes* Mitte Juli mit Stierkämpfen, Sportveranstaltungen, Flamenco-Gesang und Tanzvorführungen statt. *Jahrmärkte* gibt es im Juli und im September.

Feste

Unterkunft

Auf der Avda Vivar Tellez finden Sie das »Dilda«, ein Zwei-Sterne-, und das »El Canizo«, ein Ein-Sterne-Hotel.

Regelmäßigen Busverkehr gibt es nach Málaga. Die Umgebung von Velez ist einen Ausflug wert. Auf dem Weg in den Naturpark der Sierra de Tejada kommt man über die C 335 und später die MA 125 nach *Canillas de Aceituno.* Wie der Name schon sagt, lebt der Ort vor allem vom Olivenanbau. Aber auch Zitrusfrüchte und Wein werden angebaut. Am 15. Mai gibt es den guten Moscatelwein anläßlich eines örtlichen Festes sogar gratis. In der Nähe des Ortes kann man auf dem Campingplatz »La Rahige« übernachten oder von hier aus von den 640 Höhenmetern des Ortes bis auf über 2000 m auf den *Pico de Maroma* steigen. Nicht ganz so weit ist der Weg zu den Höhlen »La Fajara«.

Verbindungen

Canillas de Aceituno

Pico de Maroma

Periana liegt 24 km hinter Velez-Málaga an der C 340, die man wiederum über die C 335 erreicht. Die 3500 Bewohner verdienen ihren Lebensunterhalt in erster Linie mit ihrem in der ganzen Welt berühmten Olivenöl. Um Periana herum wachsen auch herrliche Pfirsiche, denen im August ein Fest gewidmet ist, in etwa vergleichbar unserem Erntedankfest.

Periana

Macharaviaya, 12 km westlich von Velez-Málaga, wurde im 16. Jahrhundert an der Stelle eines maurischen Dorfes gegründet. Der Ort hat seine ruhmreichsten Tage im 18. Jahrhundert erlebt. Damals wohnte dort die Familie Galvez, die einen Vizekönig für Neu-Spanien zu ihren Ahnen zählte. Er gab seiner Kolonie den Namen Texas und investierte den Gewinn daraus in eine Schloß-Anlage, die »Klein Madrid« genannt wurde. Von dieser Anlage existieren noch Ruinen.

Macharaviaya

Ruinen

Heute bildet die Kirche auf dem Dorfplatz, die aus dem 18. Jahrhundert stammt, das Zentrum einer 350 Einwohner zählenden Gemeinde. Sehenswert ist dort die Krypta im Untergeschoß, in dem die Familie Galvez ruht.

Krypta

WANDERN

Besonders in den *Sommermonaten* ist die Fortbewegung zu Fuß in Andalusien ein sehr

Sommer

Bild oben: Wanderer im Naturpark

schweißtreibendes Unterfangen. Selbst in den Bergen ist es heiß, dazu trocken und die oft dürftige Vegetation verbrannt.

Frühjahr

Am besten eignet sich zum Wandern das *Frühjahr*. In den Tälern ist es dann angenehm warm. Für die Berge sollte man, besonders für abends, warme Kleidung dabei haben. Einwohner und Besucher drängen sich an den Küsten und in den Städten. Große Teile Andalusiens sind dagegen nahezu unbesiedelt. Die schönsten Tagestouren lassen sich in den → *Nationalparks* machen. Dort kann man sich, ungestört von Straßenverkehr, im Schatten der letzten zusammenhängenden Waldgebiete erholen. Die meisten Wälder waren in der frühen Neuzeit, nach der Entdeckung Amerikas, zum Zwecke des Schiffbaus abgeholzt worden. Übrig geblieben sind vielfach verkarstete Hügel und wilde, nur wenig bewachsene Felsformationen, diese Landschaftsform ist spektakulär.

Nationalparks

Sierra Nevada

In Küstennähe ist besonders die *Sierra Nevada* ein ideales Wandergebiet. Ebenfalls nicht weit von der Küste bietet die *Serrania de Ronda* (→ Ronda) dem Wanderer alles, was das Herz begehrt. Eine Besonderheit sind die Wüstenwanderungen durch die einzige Landwüste in Europa, sie liegt bei → Almería, nördlich von → Capo de Gata.

Serrania de Ronda

Wüste

→ Filmstadt.

ZEITUNGEN

Um sich in Spanien auf dem laufenden zu halten, gibt es vielerlei Möglichkeiten. Es erscheinen genügend spanische Blätter, die auch auf internationale Entwicklungen eingehen. Selbstredend erhält man deutsche Zeitungen jeden Tag nahezu druckfrisch, mit höchstens einem Tag Verspätung. An der Costa del Sol werden – eigens für den dortigen Markt gedruckte – Blätter in deutscher und englischer Sprache verkauft oder verschenkt. In den großen Städten erscheinen wöchentlich Veranstaltungsmagazine, in denen Hinweise auf Konzerte, Discotheken, Ausstellungen, das TV-Programm, Filmkritiken und andere Veranstaltungshinsweise gegeben werden. Die Namen dieser Blätter fangen meist mit »guía« an. In Sevilla z. B. heißt es »Guía Sevilla«. An Tageszeitungen gibt es neben den regionalen Blättern die im ganzen Süden erscheinende »Sur« und, wie überall in Spanien, »ABC«, »Vanguardia« und »El Mundo«; außerdem eine Reihe von Sportzeitungen, die auch die Ergebnisse anderer europäischer Ligen drucken.

Spanische Publikationen

Costa del Sol

Veranstaltungshinweise

Bild umseitig: Mojacar

REGIONENMENÜ

THEMENMENÜ

Sehenswürdigkeiten

Kunst und Kultur

Praktische Tips

Ausflugsziele

NOTIZEN